KB234522

패턴이 표현을 만났을 때!
Fighting
끼얏호!!

패턴이 **표현**을 만났을 때!

초판 1쇄 발행 2011년 7월 1일

지은이	박신규
펴낸이	신성현, 오상욱
기획 · 편집	이성원, 강다현, 이진희
디자인	오미정, 박란
일러스트	조소영
영업관리	장신동, 조신국, 장미선
펴낸곳	도서출판 아이엠북스
	153-802 서울시 금천구 가산동 327-32 대륭테크노타운 12차 1116호
대표전화	02-6343-0997~9
팩스	02-6343-0995~6
출판등록	2006년 6월 7일
	제 313-2006-000122호
ISBN	978-89-6398-054-6 13740

www.iambooks.co.kr

저는 18년 동안 영어를 강의하고 있는 영어 강사입니다. 하지만 영어 때문에 매일 매일 고민합니다. 토익강의를 할 때는 토익 때문에, 영어회화 강의를 할 때는 영어회화 때문에 고민을 합니다. 저와 영어회화 공부를 함께 하고 있는 분들로부터 늘 듣는 질문이 하나 있습니다. "매일 영어회화를 공부해도 실력은 별로 느는 것 같지 않고, 해도 해도 끝은 안보이고 어떻게 하면 좋을까요?"입니다. 그럴 때 저는 농담 삼아 "10년만 공부하세요."라고 말합니다. 물론 너무 조바심 내지 말고 영어 공부를 즐기라는 뜻이 담겨진 거죠. 그래서 저는 늘 즐겁게 강의하려고 노력하고 있습니다. 다시 말해서 일이든 공부든 재미가 없으면 금방 싫증을 느끼게 됩니다. 그러면 어떻게 영어회화를 좀더 재미있고 효과적으로 할 수 있을까요?

영어도 우리말처럼 평소에 자주 사용되는 패턴과 표현이 있습니다. 예를 들어 「명사＋be동사＋on me(~은(는) 제가 계산하죠)」는 하나의 패턴이고 다양한 명사를 넣으면 바로 표현이 되는 것이죠. "This coffee is on me.(이 커피 값은 제가 낼게요.), Lunch is on me.(점심은 제가 사죠.)"처럼 다양한 표현들을 이용해 여러 상황에서 의사소통을 할 수 있는 것입니다. 이렇게 영어회화는 패턴과 표현이 함께 잘 어울려지면 그 학습 효과는 배가될 수 있으며 영어에 대한 흥미도 높아질 것입니다.

이 책은 초급(60), 중급(90), 고급(20)의 세 단계로 구성되어 있습니다. 학습자는 본인의 실력에 맞는 단계를 골라 쉽고 재미있는 표현을 하나씩 자기 것으로 만들어 나가면 좋겠습니다.

아무쪼록 이 책이 영어회화 공부에 어려움을 겪고 있는 많은 분들에게 조금이나마 도움이 되길 바라며 마지막으로 저를 항상 끝까지 곁에서 지켜봐 주신 부모님과 가족, 저자로써 활동할 수 있는 기회를 주신 도서출판 아이엠북스의 관계자 여러분들 그리고 영어 원고를 처음부터 끝까지 꼼꼼하게 감수 해 주신 Bill. Householder, Doddie. Householder에게 "I can't thank you enough."라는 말을 전합니다.

Don't settle, keep Looking.

박 신 규

• 초급 Step 1~Step 3 •

영어회화 초보자들이 반드시 공부해 두어야 할 챕터입니다. 구어체 표현을 배우고자 하는 학습자들을 위해 드라마나 영화 속에서 자주 등장하는 표현들만 따로 정리했습니다.

• 중급 Step 4~Step 15 •

사용빈도 수도 높고 세련된 영어표현이지만 입에서 쉽게 잘 나오지 않는 표현들을 모았습니다. 기본적인 표현이라도 조금 더 격식을 갖추거나 세련돼 보이는 표현들을 학습할 수 있습니다.

• 고급 Step 16~Step 17 •

Chapter 1, 2를 통해 익혔던 필수적인 영어표현을 기본으로 영어 실력을 확장할 수 있도록, 문장 자체는 어렵지 않지만 조금 더 긴 표현들을 모았습니다. 마지막 장을 통해 쌓여진 영어 실력을 완성할 수 있습니다.

• Review •

단계마다 익힌 10개의 표현을 Let's take a review를 통해 스스로 점검해 볼 수 있도록 하였습니다.

and FEATures!

패턴이 표현을 만났을 때!

CONTents!

Step 1

23   **001. It's nice of you (to say so).**
고맙습니다.

24   **002. I'm in trouble.**
곤경에 처했어요.

25   **003. I feel like having a drink.**
술 한잔 마시고 싶네요.

26   **004. Why don't you look around?**
좀 둘러보시겠어요?

27   **005. I'm out of money.**
돈이 없습니다.

28   **006. I'm going to take off.**
나는 떠날 겁니다.

29   **007. My radio is out of order.**
제 라디오가 고장 났습니다.

30   **008. What do you think of having lunch with me?**
저와 점심 같이 하는 게 어때요?

31   **009. Swimming isn't my thing.**
수영하고는 담쌓았어요.

32   **010. This is on me.**
제가 계산하죠.

33   Let's take a **Review**

Step 2

35   **011. Can I ask you a personal question?**
사적인 질문 하나 해도 될까요?

36   **012. It's a steal.**
정말 가격이 싸네요.

37	013.	**I'm a fast learner.** 저는 빨리 배우는 편입니다.
38	014.	**Shall we dance?** 우리 춤출까요?
39	015.	**I don't care about what happened.** 무슨 일이 있었는지 관심 없어요.
40	016.	**Do you have the time?** 몇 시입니까?
41	017.	**Can I have a word with you?** 얘기 좀 할까요?
42	018.	**What's wrong with you?** 왜 그래요?
43	019.	**Let's take five.** 5분간 쉽시다.
44	020.	**I'm sorry to bother you.** 귀찮게 해서 죄송합니다.
45		Let's take a **Review**

Step 3

47	021.	**Thank you for your time.** 시간 내주셔서 고맙습니다.
48	022.	**Can I offer you some coffee?** 커피 좀 줄까요?
49	023.	**I'm not interested in him.** 그에게는 관심 없어요.
50	024.	**May I join you?** 함께 할 수 있을까요?
51	025.	**I've got so much to do.** 저는 할 일이 많아요.

52	**026.** **Please don't interrupt me.** 제발 방해하지 마세요.
53	**027.** **You look somewhat familiar.** 좀 낯이 익네요.
54	**028.** **He just stepped out.** 그는 방금 전에 나갔습니다.
55	**029.** **Are you nuts?** 정신 나갔어?
56	**030.** **What's the rush?** 왜 그리 서두르세요?
57	Let's take a **Review**

Ste**p** 4

59	**031.** **I'm worried about you.** 당신이 걱정됩니다.
60	**032.** **Do you mind if I smoke here?** 여기서 담배를 피워도 되나요?
61	**033.** **It took my breath away.** 멋있었습니다.
62	**034.** **May I help you with your bag?** 제가 가방을 들어 드릴까요?
63	**035.** **I didn't catch your name.** 당신 이름을 못 들었습니다.
64	**036.** **I fell in love.** 저는 사랑에 빠졌어요.
65	**037.** **I like your new shirt.** 당신의 새 셔츠가 멋있습니다.
66	**038.** **I have a crush on you.** 당신에게 반했어요.

67   039. **If I were in your shoes ~**
내가 네 입장이라면 ~

68   040. **I'm in a bind.**
저는 곤경에 처해 있어요.

69   Let's take a **Review**

Step 5

71   041. **I'm not much of a drinker.**
저는 술을 잘 못합니다.

72   042. **Where are you off to?**
어디 갑니까?

73   043. **I was wondering if I could use your car.**
당신 차를 사용해도 될지 모르겠어요.

74   044. **What's bugging you?**
무슨 일이야?

75   045. **I didn't mean to upset you.**
속상하게 하려던 것은 아니었어요.

76   046. **I mean it.**
진심이야.

77   047. **You've gotta go.**
너는 가야 돼.

78   048. **Let's call it a day.**
퇴근합시다.

79   049. **May I think it over, please?**
생각 좀 할 수 있을까요?

80   050. **You look gorgeous.**
멋져 보여요.

81   Let's take a **Review**

Step 6

83	**051.** Could I speak to you? 얘기 좀 나눌 수 있을까요?	
84	**052.** Not on your life! 어림도 없는 소리예요!	
85	**053.** I just stop by. 그냥 들러봤어요.	
86	**054.** It's my treat. 제가 계산하죠.	
87	**055.** Don't phone me for a while. 잠깐 전화하지 말아요.	
88	**056.** I just got through with my work. 저는 막 일을 끝냈어요.	
89	**057.** It's hard to catch you. 얼굴 좀 보고 살자.	
90	**058.** I'm a movie buff. 저는 영화광입니다.	
91	**059.** Is that okay with you if I ask your name? 성함을 여쭤 봐도 괜찮습니까?	
92	**060.** Have you ever considered learning Chinese? 중국어를 좀 배우시는 게 어떻습니까?	
93	Let's take a **Review**	

Step 7

95	**061.** I was born and grew up in Seoul. 저는 서울에서 태어나고 자랐습니다.	
96	**062.** I get butterflies in my stomach on stage. 저는 무대 공포증이 있어요.	

97 063. Have you ever thought about giving up smoking?
금연하는 거 생각해 보셨나요?

98 064. I'm music-minded.
저는 음악이 인생의 전부입니다.

99 065. Do you think I should believe you?
당신을 믿어야 한다고 생각합니까?

100 066. Would you be willing to study abroad?
외국에서 공부할 의향은 있나요?

101 067. Would you be so kind to tell Mr. Kim I'm here?
제가 왔다고 미스터 김에게 전해주시겠습니까?

102 068. Weren't you tipped off about this meeting?
이 모임에 대해서 정보를 듣지 못했나요?

103 069. How could they possibly know that you're home?
당신이 집에 있는지 그들이 어떻게 알죠?

104 070. I couldn't help but pay for it.
어쩔 수 없이 내가 계산했어요.

105   Let's take a **Review**

Step 8

107 071. Have you even thought about our talk?
우리 얘기에 대해서 생각해 봤습니까?

108 072. I just got off the phone with him.
그와 방금 전에 통화했어요.

109 073. If there's anything you want me to do, please let me know.
제가 할 게 있으면 알려주세요.

110 074. I'm the last man to tell a lie.
저는 절대로 거짓말을 안 해요.

111 075. Could you possibly tell me your name?
성함을 말씀해 주시겠습니까?

112　076. I'm on pins and needles.
저는 안절부절 못하고 있습니다.

113　077. I don't get enough of her music.
그녀의 음악은 아무리 들어도 지겹지 않습니다.

114　078. Raw fish is at its best at this time of year.
회는 일 년 중에 지금이 가장 맛있을 때입니다.

115　079. I still have trouble expressing myself in English.
영어로 자신을 표현하기가 아직도 어려워요.

116　080. Let's discuss the matter over the bottle.
술 한잔하면서 얘기하죠.

117　　Let's take a **Review**

Step 9

119　081. I don't know from A to Z about Japanese.
일본어에 대해 제대로 아는 게 하나도 없어요.

120　082. The traffic is backed up to City Hall.
차가 시청까지 밀려있습니다.

121　083. I'm under the impression that you're lying to me.
당신이 거짓말을 하고 있다고 생각해요.

122　084. I wonder if you could tell me your marital status.
혹시 결혼하셨습니까?

123　085. Money burns a hole in your pocket.
돈을 물 쓰듯 하는군요.

124　086. Not in a million years.
절대로 안 돼.

125　087. I'll get back to you later.
잠시 후에 답변 드리죠.

126　088. Name the time and place.
시간과 장소를 말해 봐요.

127 089. I've just scratched the surface about English.
영어를 막 시작했습니다.

128 090. I don't have the nerve to ask her for a date.
용기가 없어서 그녀에게 데이트 신청을 못하겠어요.

129 Let's take a **Review**

Step 10

131 091. Why don't I go tell him you're here?
그에게 당신이 여기에 왔다고 말할까요?

132 092. I have an appointment with your boss.
당신 사장님과 약속이 있습니다.

133 093. I'm not finished talking to you.
아직 얘기가 안 끝났어요.

134 094. Do you mind if I say something to you?
당신에게 뭔가 얘기를 해도 괜찮을까요?

135 095. I can't tell you how much I enjoyed it.
정말 마음껏 즐겼습니다.

136 096. What's all the fuss about?
웬 난리법석이야?

137 097. You have to do the best with what God gave you.
신이 주신 능력으로 최선을 다해야 해.

138 098. Do you have a convenient store around here?
이 근처에 편의점이 있습니까?

139 099. If you want me to call you, please let me know.
제가 당신께 전화하길 원하면 알려주세요.

140 100. There's no need to bother.
괜히 걱정할 필요가 없어요.

141 Let's take a **Review**

Step 11

143   101. **You don't look like yourself.**
안색이 안 좋아 보여요.

144   102. **My plan went up in smoke.**
제 계획이 무산되었습니다.

145   103. **The first thing I have to do is purchase airplane tickets in advance.**
우선 해야 할 일은 항공 표들을 미리 구입하는 겁니다.

146   104. **The last thing I want to do is lie to you.**
절대로 당신에게 거짓말을 하고 싶지 않습니다.

147   105. **My wife and I bring home the bacon.**
아내와 저는 맞벌이 부부입니다.

148   106. **Would you please let me use your car?**
차 좀 사용할 수 있게 해주시겠습니까?

149   107. **I'm looking forward to working with you.**
잘 부탁드리겠습니다.

150   108. **I got the biggest kick out of it.**
정말 재미있었어요.

151   109. **I got ants in my pants before a job interview.**
면접을 보기 전에 초조했어요.

152   110. **You never let me know about your family.**
당신 가족에 대해 결코 얘기하지 않는군요.

153   Let's take a **Review**

Step 12

155   111. **I know him by his first name.**
저는 그와 친합니다.

156   112. **I have my heart set on seeing her.**
그녀가 무척 보고 싶군요.

157   113. **I'm not easy to get along with.**
저는 사람들과 쉽게 어울리지 못해요.

158   114. **I don't think I have the talent for cooking.**
요리에 소질이 있다고 생각하지 않습니다.

159   115. **I just can't stand Max.**
맥스와는 못 사귀겠어요.

160   116. **How long has it been since you went to Busan?**
얼마 만에 부산에 가는 겁니까?

161   117. **He's an over the hill singer.**
그는 한물간 가수입니다.

162   118. **Can you be more specific about your family?**
가족에 대해서 좀더 자세히 말해 줄래요?

163   119. **How long will it be before the next bus arrives?**
다음 버스가 도착하려면 얼마나 더 있어야 되죠?

164   120. **I'm having a ball.**
정말 재미있습니다.

165   Let's take a **Review**

Step 13

167   121. **I feel uneasy without my cell phone.**
휴대폰이 없으면 불안합니다.

168   122. **Not a chance.**
어림도 없는 소리야.

169   123. **To the best of my knowledge**
내가 아는 한

170 **124.** If you were in my shoes, what would you do?
당신이 저라면 어떻게 하시겠어요?

171 **125.** If it's not too much trouble, would you be so kind to help me?
대단히 죄송하지만 저를 도와주시겠어요?

172 **126.** I don't have the guts to propose to her.
용기가 없어서 그녀에게 청혼을 못합니다.

173 **127.** I'm sick and tired of pizza.
피자가 신물이 납니다.

174 **128.** I haven't been exercising because I can't be bothered.
귀찮아서 운동을 안 하고 있었습니다.

175 **129.** I don't know what to do to kill time.
시간 보내기 위해 뭘 할지 모르겠어요.

176 **130.** How do you think I feel?
제 기분이 어떨 것 같습니까?

177 Let's take a **Review**

Step 14

179 **131.** I was so passed out.
완전히 필름이 끊겼어.

180 **132.** I'm trying to go easy on the coffee.
커피 좀 줄이려고 합니다.

181 **133.** Please watch your step.
발 조심 하세요.

182 **134.** Not a word to anyone about it.
아무에게도 얘기하지 마.

183 **135.** I'm calling to ask you if you'd like to have dinner with me.
저녁 식사 같이 할 수 있는지 알고 싶어 전화했어요.

184   136. **That's new to me.**
금시초문이에요.

185   137. **You're telling me.**
정말 그래.

186   138. **What seems to be wrong with your car?**
차에 무슨 문제라도 있나요?

187   139. **I'm on a first name basis with him.**
그와 친한 사이입니다.

188   140. **I've heard a lot about you from your boss.**
당신 사장님으로부터 말씀 많이 들었습니다.

189   Let's take a **Review**

Step 15

191   141. **Please give me a round trip ticket to Busan.**
부산까지 왕복권 한 장 주세요.

192   142. **I'll tell you what.**
이렇게 합시다.

193   143. **Wish me luck.**
행운을 빌어줘요.

194   144. **Are you game?**
너도 같이 할래?

195   145. **How many times do I have to tell you?**
몇 번이나 말해야 하나요?

196   146. **I have money to burn.**
저는 돈이 많아요.

197   147. **Is it you, David?**
이게 누구야, 데이비드 아냐?

198	**148.** I just wanted to let you know my new address.
	새 주소를 알려주려고 했을 뿐입니다.
199	**149.** I have a skeleton in my closet.
	저는 말 못할 비밀이 있어요.
200	**150.** That's too personal.
	대답하기가 좀 곤란하네요.
201	Let's take a **Review**

Step 16

203	**151.** I'm planning to spend a lot of time with my kids during the weekend.
	주말 동안 아이들과 많은 시간을 보내려고 합니다.
204	**152.** My heart starts beating faster even if I just think about flying.
	비행기를 탈 생각만 해도 벌써 가슴이 설레요.
205	**153.** If you don't mind, I would like to give you a hand with your luggage.
	괜찮다면 짐 옮기는 것을 도와 드리고 싶습니다.
206	**154.** What I wanted to talk to you about was my summer vacation.
	제가 말하고자 한 것은 제 여름휴가예요.
207	**155.** I'll pop out and grab a bite to eat when I feel hungry.
	배가 고프면 잠시 밖에 나가서 요기를 할 겁니다.
208	**156.** I've been trying to ask you this for a very long time.
	오랫동안 이것을 물어보려고 했습니다.
209	**157.** I just wanted to make sure that you are all right.
	당신이 잘 있는지 확인하고 싶었을 뿐입니다.
210	**158.** I can't make heads or tails out of it.
	도저히 이해가 안 돼요.
211	**159.** If it's not too much trouble to you, could you possibly tell me about your family?
	대단히 죄송하지만 가족에 대해 말씀해 주시겠어요?

212   160. The only thing I really want to do is making a lot of money.
정말 하고 싶은 유일한 것은 돈을 많이 버는 겁니다.

213   Let's take a **Review**

Step 17

215   161. I'd like to reserve a seat on a flight to Busan this Sunday.
이번 일요일에 부산으로 가는 비행기 좌석을 예약하고 싶어요.

216   162. I don't like to go outside in the middle of the night.
한밤중에 외출하고 싶지 않아요.

217   163. You will be sorry if you don't do your best.
최선을 다하지 않으면 후회할 겁니다.

218   164. I'm sorry to say that I lied to you last night.
어젯밤에 거짓말해서 미안해요.

219   165. It'll be much better than just sitting at home and watching television.
집에서 앉아서 TV 시청하는 것보다 훨씬 더 나을 겁니다.

220   166. I don't like to be around my family during my free time.
여가 시간에 가족에게 둘러싸여 있는 건 싫어요.

221   167. How can I reach you if the copy machine breaks down again?
복사기가 또 고장나면 당신에게 어떻게 연락하면 되죠?

222   168. Could I get your advice on how to solve this problem?
이 문제를 어떻게 해결할지 조언해 주시겠어요?

223   169. If you give me your phone number, I'll call you as soon as he arrives.
전화번호를 주면 그가 도착하는 대로 전화할게요.

224   170. I don't think you need to worry too much about it.
그것에 대해서 크게 걱정할 필요는 없습니다.

225   Let's take a **Review**

Step 1

001. It's nice of you (to say so).
고맙습니다.

002. I'm in trouble.
곤경에 처했어요.

003. I feel like having a drink.
술 한잔 마시고 싶네요.

004. Why don't you look around?
좀 둘러보시겠어요?

005. I'm out of money.
돈이 없습니다.

006. I'm going to take off.
나는 떠날 겁니다.

007. My radio is out of order.
제 라디오가 고장 났습니다.

008. What do you think of having lunch with me?
저와 점심 같이 하는 게 어때요?

009. Swimming isn't my thing.
수영하고는 담쌓았어요.

010. This is on me.
제가 계산하죠.

001

It's nice of you (to say so).

고맙습니다.

우리말로 '고맙습니다'라는 의미로, 칭찬의 말을 들었을 때 부담없이 It's nice of you(to say so).라고 말하게 되면 '과찬의 말씀이십니다.'라는 뜻이 됩니다. '그렇게 말씀해 주시니 참으로 좋으시군요.'라고 하면 어색한 번역이 되니 유의하세요.

Dialogue English

Jason_
새 모자가 멋진데요.

Billy_
고맙습니다.

Jason_
어디서 샀어요?

Billy_
사실은, 아내가 지난밤에 줬어요.

> **Talk Tip** 동사 like는 원래 '좋아하다'라는 뜻이지만 여기서는 '멋있다, 근사하다'의 의미가 됩니다.

Pattern English

1. It's nice of you to do so.
2. It's nice of you to see me off.
3. It's nice of you to buy me dinner.
4. It's nice of you to give me a call.
5. It's nice of you to give me a ride.

1. 그렇게 해줘서 고맙습니다.
2. 저를 배웅해 주셔서 고맙습니다.
3. 저녁을 사 주셔서 감사합니다.
4. 저에게 전화해줘서 고맙습니다.
5. 차를 태워주셔서 감사합니다.

Similar Expressions

1. Many thanks.
2. I can't thank you enough.
3. Thanks a million.
4. I owe you a lot.
5. Thanks a lot.

1. 감사합니다.
2. 정말 고맙습니다.
3. 고맙습니다.
4. 큰 빚을 졌습니다. (대단히 감사합니다.)
5. 고맙습니다.

002

I'm in trouble.

곤경에 처했어요.

우리말에 '곤경에 처하다, 큰일이 나다, 문제가 생기다'라고 할 때 영어로 어떻게 말할 수가 있을까요?
영어로는 간단하게 be in trouble이라고 표현하면 됩니다.

Dialogue English

Jason_

피터! 오늘 기분이 언짢아 보입니다.

Peter_

제게 문제가 생겼어요.

Jason_

무슨 일이 있었나요?

Peter_

시험에 또 떨어졌어요.

Talk Tip 대화에서 나온 upset은 '속상한, 마음이 상한'의 뜻으로 사용됩니다.

Pattern English

1. My family is in trouble.
2. My teacher is in trouble.
3. I think we are in trouble.
4. Mike and his wife are in trouble.
5. Cindy working as a secretary here is in trouble.

1. 제 가족이 곤경에 처했어요.
2. 제 선생님이 곤경에 처했어요.
3. 우리가 곤경에 빠진 것 같아요.
4. 마이크와 그의 부인이 곤경에 처했어요.
5. 여기서 비서로 근무하는 신디가 곤경에 처했어요.

Similar Expressions

1. I'm in hot water.
2. I'm in danger.
3. I'm in big trouble.
4. I'm in deep trouble.
5. I have my back against the wall.

1. 저는 어려움 속에 빠져있어요.
2. 위험에 빠졌어요.
3. 저는 큰 곤경에 처했어요.
4. 저는 큰 곤경에 처했습니다.
5. 저는 곤경에 처해 있습니다.

003

표현난이도 | ★ ★ ★

I feel like having a drink.

술 한잔 마시고 싶네요.

우리말에 '술 한잔 마시고 싶어요.'에 해당되는 영어 표현 중에 I feel like having a drink.를 배워보겠습니다. 영어에서 「feel like+~ing(동명사)」는 '~하고 싶습니다'의 뜻으로 다양하게 사용할 수 있습니다.

Dialogue English

Jason_
이 레스토랑이 마음에 들 겁니다.

Susan_
분위기가 좋군요.

Jason_
술 한잔 마시고 싶네요. 어때요?

Susan_
좋습니다. 같이 한잔하죠.

Talk Tip 용건을 얘기하고 넌지시 의사를 타진하는 경우, What do you say?(어때요?)를 사용하면 됩니다.

Pattern English

1. I feel like going home.
2. I feel like learning Chinese.
3. I feel like taking a nap.
4. I feel like stopping smoking.
5. I feel like swimming tonight.

1. 집에 가고 싶습니다.
2. 중국어를 배우고 싶습니다.
3. 낮잠을 자고 싶어요.
4. 담배를 끊고 싶습니다.
5. 오늘밤 수영하고 싶어요.

Similar Expressions

1. I would like to go for a drink.
2. I would like to have a drink.
3. I really want to hit the bottle.
4. I feel like a drink.
5. I'm in the mood for a drink.

1. 술 한잔 하고 싶습니다.
2. 술 한잔 마시고 싶습니다.
3. 정말 술에 취하고 싶습니다.
4. 술 마시고 싶네요.
5. 술 마시고 싶은 심정입니다.

00**4**

표현난이도 | ★

Why don't you look around?
좀 둘러보시겠어요?

손님이 가게에 들어와서 무언가를 사려고 고민하고 있을 때 점원이 다가와서 '마음에 드는 물건이 있는지 좀 둘러보시죠?'라는 의미의 말을 건네옵니다. 이럴 때 영어로는 Why don't you look around?라고 표현합니다.

Dialogue English

Store Worker_
손님, 뭘 도와 드릴까요?

Store Worker_
좀 둘러보시겠어요?

Customer_
안녕하세요. 아이들에게 주려고 장난감을 사러 왔습니다.

Customer_
그게 좋겠어요.

Talk Tip 영어에서 「I'm here to+동사」라고 하면 우리말로 '저는 ~하러 여기 왔어요'에 해당됩니다.

Pattern English

1. Why don't you fix me a drink?
2. Why don't you give me a ring?
3. Why don't you stay for lunch?
4. Why don't you place an order?
5. Why don't you go out with me tonight?

1. 술 한잔 주시겠습니까?
2. 저에게 전화하시죠?
3. 점심 드시고 가시죠?
4. 주문하시죠?
5. 나와 오늘밤 데이트 할래요?

Similar Expressions

1. Why don't you shop around?
2. Why don't you browse for a while?
3. How about looking around?
4. You can shop around.
5. What do you say to looking around?

1. 좀 둘러보시죠?
2. 잠시 둘러보시죠?
3. 둘러보는 것이 어떻습니까?
4. 둘러볼 수 있습니다.
5. 둘러보는 게 어때요?

005

I'm out of money.

돈이 없습니다.

영어로 「out of+명사」라고 하면 '~이 부족한, ~이 모자란'의 뜻이므로 I'm out of money.는 '저는 돈이 없어요.'라는 뜻이 됩니다.

Dialogue English

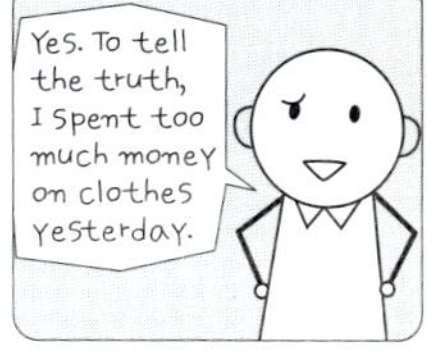

Jason_
돈 좀 빌려 주실 수 있습니까?

Billy_
사실, 지금 저는 돈이 없습니다.

Jason_
정말이에요?

Billy_
네. 사실은, 어제 옷을 구입하는 데 너무 많은 돈을 썼어요.

Talk Tip 영어로 To tell the truth와 비슷한 표현으로는 frankly speaking, in truth 등이 있습니다.

Pattern English

1. I'm out of love.
2. I'm out of time.
3. I'm out of energy.
4. I'm out of shape.
5. I'm out of job.

1. 나는 외로워요.
2. 나는 시간이 없어요.
3. 나는 지쳤어요.
4. 나는 몸매가 엉망입니다.
5. 나는 직업이 없어요.

Similar Expressions

1. I'm short of money.
2. I'm flat broke.
3. I'm financially embarrassed.
4. I have little money.
5. I don't have any money left.

1. 돈이 없습니다.
2. 돈 한 푼도 없어요.
3. 나는 재정상태가 좋지 않습니다.
4. 나는 돈이 없습니다.
5. 나는 돈이 없습니다.

006

I'm going to take off.

나는 떠날 겁니다.

비행기가 이륙할 때 영어로는 take off라고 합니다. 이 표현을 이용해서 '저는 갑니다, 저는 떠납니다' 라고 말을 하고 싶을 때, I'm gonna[going to] take off.라고 표현하면 됩니다.

Dialogue English

Cindy_

저는 지금 **떠날 겁니다.**

Billy_

뭐가 그리 급하죠? 지금 당장 떠날 필요는 없어요.

Cindy_

서울에서 참석해야 할 중요한 모임이 있습니다.

Billy_

오, 알겠어요.

 **Talk Tip** 우리말에 '뭐가 급합니까?'를 영어로 표현하면 What's the rush[hurry]?가 됩니다.

Pattern English

1. I'm going to travel alone.
2. I'm going to be a doctor.
3. I'm going to clean up the house.
4. I'm going to take a shower.
5. I'm going to take for a walk.

1. 나는 혼자 여행을 갈 겁니다.
2. 나는 의사가 될 겁니다.
3. 나는 집안 청소를 할 겁니다.
4. 나는 샤워를 할 겁니다.
5. 나는 산책을 할 겁니다.

Similar Expressions

1. I'm ready to leave.
2. I gotta take off now.
3. I'm leaving now.
4. I'm taking off shortly.
5. I can't stay here any longer.

1. 나는 떠날 준비가 되었어요.
2. 난 지금 가야겠어요.
3. 지금 떠납니다.
4. 나는 곧 떠납니다.
5. 여기에 더 이상 머무를 수가 없어요.

00**7**

My radio is out of order.

제 라디오가 고장 났습니다.

우리말에 '고장 났다, 작동이 안 된다'에 해당되는 표현을 영어로 말한다면 바로 out of order입니다. 비슷한 뜻으로 break down이라는 표현이 있는데 My car is broken down.(차가 고장났다.)과 같이 많이 쓰입니다.

Dialogue English

Jason_

잠시 동안 당신 라디오를 사용해도 될까요?

Billy_

안 될 것 같아요. 미안합니다. **제 라디오는 고장 났습니다.**

Jason_

수리 할 겁니까?

Billy_

물론이죠. 지금 수리중입니다.

 **Talk Tip** '~해도 될까요?'라고 공손하게 물을 때 「May I + 동사?」를 적극적으로 사용해 봅니다.

Pattern English

1. My computer is out of order.
2. My printer is out of order.
3. My cell phone is out of order.
4. My television is out of order.
5. The toilet is out of order.

1. 컴퓨터가 고장이 났어요.
2. 프린터가 고장이 났습니다.
3. 핸드폰이 작동이 안 됩니다.
4. 텔레비전이 고장 났습니다.
5. 변기가 고장 났습니다.

Similar Expressions

1. My radio has broken down.
2. My radio stopped working.
3. My radio is broken.
4. My radio is not working.
5. I think something is wrong with my radio.

1. 제 라디오가 고장 났습니다.
2. 제 라디오가 작동이 멈췄습니다.
3. 제 라디오가 고장이 났어요.
4. 제 라디오가 작동이 안 돼요.
5. 제 라디오에 뭔가 문제가 있습니다.

008

What do you think of having lunch with me? 저와 점심 같이 하는 게 어때요?

우리말에 '어때요?, 어떻게 생각하세요?'에 해당되는 영어 표현이 바로 What do you think of ~?(~에 대해서 어떻게 생각하느냐?)인데, 또 다른 표현인 What do you say to ~ing?(~하는 것이 어때요?)는 용건을 얘기하고 넌지시 의사를 타진하는 경우에 주로 사용합니다.

Dialogue English

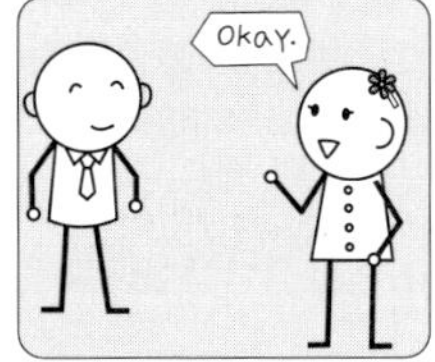

Jason_

제인, 오늘 **저와 점심 같이 하는 게 어때요?**

Jane_

하고 싶지만, 저는 선약이 있어요. 내일 오후가 어때요?

Jason_

좋습니다. 시간과 장소만 말씀하세요.

Jane_

알겠어요.

 **Talk Tip** name에는 동사로 '말하다, 언급하다, 이름을 대다'라는 뜻이 있습니다.

Pattern English

1. What do you think of taking a break?
2. What do you think of going home?
3. What do you think of being quiet?
4. What do you think of staying over night?
5. What do you think of smoking less everyday?

1. 잠시 쉬는 것이 어떻습니까?
2. 집에 가는 게 어떻습니까?
3. 조용히 있는 게 어때요?
4. 하룻밤 지내고 가시죠?
5. 매일 담배 좀 덜 피는 것이 어때요?

Similar Expressions

1. How about having lunch with me?
2. Won't you have lunch with me?
3. Shall we have lunch together?
4. Let's have lunch together.
5. Why don't we have lunch together?

1. 점심 함께 하는 게 어때요?
2. 저와 점심 같이 하지 않으실래요?
3. 우리 점심 같이 할까요?
4. 점심 같이 합시다.
5. 우리 함께 점심 먹는 게 어때요?

009

Swimming isn't my thing.
수영하고는 담쌓았어요.

우리말에 '~하고는 거리가 멀어요, ~와는 담쌓았습니다'에 해당되는 표현을 영어로 말한다면 A isn't my thing.이라고 합니다.

Dialogue English

Jason_
수영하는 것을 좋아하세요?

Billy_
아니요. 사실, **수영하고는 담쌓았어요.**

Jason_
저는 수영을 잘해요. 자유형을 배웠거든요. 원하시면, 수영하는 법을 가르쳐 드리겠습니다.

Billy_
고마워요.

 Talk Tip   '~에 능숙하다, 잘하다'는 간단하게 영어로 be good at으로 표현하면 됩니다.

Pattern English

1. Dating isn't my thing.
2. Business isn't my thing.
3. School isn't my thing.
4. Music isn't my thing.
5. Information technology isn't my thing.

1. 데이트하고는 담쌓았어요.
2. 사업에는 자신이 없습니다.
3. 학교와는 담쌓았어요.
4. 음악과는 거리가 멀어요.
5. 정보 기술과는 거리가 멀어요.

Similar Expressions

1. I don't know how to swim.
2. I don't know anything about swimming.
3. I don't know from A to Z about swimming.
4. I'm not interested in swimming.
5. I have no interest in swimming.

1. 수영을 어떻게 하는지 모릅니다.
2. 저는 수영에 대해 아무 것도 모릅니다.
3. 저는 수영에 대해 하나도 몰라요.
4. 저는 수영에 관심이 없습니다.
5. 저는 수영에 관심이 없어요.

010

This is on me.
제가 계산하죠.

식당에서 식사를 마치고 난 후 또는 술집에서 술을 마시고 난 후, 음식 값이나 술 값을 내겠다는 의미의 This is on me.를 사용할 수 있습니다.

ⒹDialogue English

Jason_
식사 많이 하셨어요?

Joan_
물론이죠.

Jason_
제가 계산할게요.

Joan_
정 그러시다면!

(Talk Tip) 식사를 한 후에 Have you had enough?라고 하면 '(음식) 식사 많이 하셨습니까?'의 의미가 됩니다.

⒫Pattern English

1. This coffee is on me.
2. This milk is on me.
3. This movie is on me.
4. This concert is on me.
5. This lunch is on me.

1. 이 커피는 제가 계산하죠.
2. 이 우유는 제가 사 드리죠.
3. 이 영화는 제가 계산하죠.
4. 이 콘서트는 제가 부담하죠.
5. 이 점심은 제가 계산하겠습니다.

⒮Similar Expressions

1. This is my treat.
2. I will take care of the bill.
3. I will pick up the tab.
4. You are my guest this time.
5. It's my treat this time.

1. 제가 계산하죠.
2. 제가 지불하겠습니다.
3. 제가 계산하죠.
4. 이번에는 제가 낼게요.
5. 이번에는 제가 내겠습니다.

Let's take
a **Review**

001. 고맙습니다. (it, nice, you, is, of)

____.

002. 곤경에 처했어요. (I'm, trouble, in)

____.

003. 술 한잔 마시고 싶네요. (I, like, feel, a, having, drink)

____.

004. 좀 둘러 보시죠? (don't, why, look, you, around)

____?

005. 돈이 없습니다. (I'm, money, of, out)

____.

006. 나는 떠날 겁니다. (I'm, off, going, take, to)

____.

007. 제 라디오가 고장 났습니다. (radio, my, is, order, of, out)

____.

008. 저와 점심 같이 하는 게 어때요?
(what, me, with, having, lunch, you, think, do, of)

____?

009. 수영하고는 담쌓았어요. (swimming, my, isn't, thing)

____.

010. 제가 계산하죠. (is, this, me, on)

____.

Step 2

011. **Can I ask you a personal question?**
사적인 질문 하나 해도 될까요?

012. **It's a steal.**
정말 가격이 싸네요.

013. **I'm a fast learner.**
저는 빨리 배우는 편입니다.

014. **Shall we dance?**
우리 춤출까요?

015. **I don't care about what happened.**
무슨 일이 있었는지 관심 없어요.

016. **Do you have the time?**
몇 시입니까?

017. **Can I have a word with you?**
얘기 좀 할까요?

018. **What's wrong with you?**
왜 그래요?

019. **Let's take five.**
5분간 쉽시다.

020. **I'm sorry to bother you.**
귀찮게 해서 죄송합니다.

011

표현난이도 | ★

Can I ask you a personal question? 사적인 질문 하나 해도 될까요?

혹시 상대방이 대답하기 곤란한 상황일 경우를 대비해서 Can I ask you a personal question? (사적인 질문 하나 해도 될까요?)이라고 먼저 말을 건넨 후에 대화를 나누는 것이 좋습니다.

Dialogue English

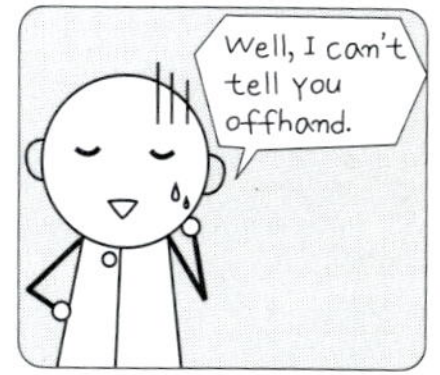

Jason_
사적인 질문 하나 해도 될까요?

Jina_
물론이죠.

Jason_
왜 결혼 안하셨습니까?

Jina_
글쎄요, 당장 뭐라고 말씀 못 드리겠군요.

Talk Tip 영어로 I can't tell you offhand.라고 하면 '당장 뭐라고 말씀 못 드리겠어요'의 뜻으로 대답하기 곤란할 때 사용합니다.

Pattern English

1. Can I go now?
2. Can I ask your name?
3. Can I take a break?
4. Can I hit the road?
5. Can I take a rain check?

1. 지금 제가 가도 될까요?
2. 이름을 물어 볼 수 있나요?
3. 잠시 쉴 수 있나요?
4. 제가 출발해도 될까요?
5. 다음 기회로 미룰 수 있을까요?

Similar Expressions

1. May I ask you a personal question?
2. Let me ask you a personal question.
3. I want to ask you a personal question.
4. Do you mind if I ask you a personal question?
5. Is that okay with you if I ask you a personal question?

1. 사적인 질문 하나 해도 될까요?
2. 개인적인 질문 하나 할게요.
3. 사적인 질문 하나 묻고 싶습니다.
4. 사적인 질문 하나 해도 괜찮습니까?
5. 개인적인 질문 하나 해도 괜찮습니까?

012

It's a steal.
정말 가격이 싸네요.

물건을 굉장히 싸게 구입했을 때 It's a steal.이라고 하면 '훔친 것과 마찬가지로 싸다'는 뜻이 됩니다. 다시 말해서 '물건을 훔친 것처럼 돈을 거의 지불하지 않았다 – 정말 가격이 싸다'라는 의미로 이해하고 사용하면 좋습니다.

Dialogue English

Jason_
옷이 멋있네요. 얼마에 샀어요?

Susan_
약 10달러요.

Jason_
정말 가격이 싸네요.

Susan_
저도 그렇게 생각합니다.

Talk Tip 얼마나 돈을 지불했는지 알고 싶을 경우, How much did you pay for it?이라고 간단하게 물어보면 됩니다.

Pattern English

1. It's a deal.
2. It's a very nice neighborhood.
3. It's a shame you can't come with me.
4. It's a beautiful day.
5. It's a rip-off.

1. 이것으로 거래를 매듭지읍시다.
2. 아주 좋은 동네입니다.
3. 함께 갈 수 없다니 말도 안 돼요.
4. 아름다운 날입니다.
5. 완전 바가지입니다.

Similar Expressions

1. It's a good buy.
2. It's a good deal.
3. It's a good bargain.
4. It's a good price.
5. The price is reasonable.

1. 괜찮은 거래입니다.
2. 물건 싸게 산 겁니다.
3. 물건 값을 싸게 지불했군요.
4. 가격이 괜찮네요.
5. 적절한 가격이네요.

013

표현난이도 ★

I'm a fast learner.

저는 빨리 배우는 편입니다.

남들보다 무언가를 빨리 터득하는 경우 '저는 빨리 배우는 편입니다.'라고 말을 하게 되는데 영어로는 I'm a fast learner.라고 표현하면 됩니다.

Dialogue English

Yuna_

도와드릴까요?

Johnson_

제 이름은 톰 존슨입니다. 오늘 신문에서 당신 광고를 읽었습니다.

Yuna_

전에 레스토랑에서 일해 본 경험이 있으세요?

Johnson_

아뇨, 하지만 **저는 빨리 배우는 편입니다.**

Talk Tip 상대방에게 '~해 본 경험이 있습니까?'를 묻고 싶을 때 Have you ever ~?의 패턴을 활용하면 됩니다.

Pattern English

1. I'm a good singer.
2. I'm a good cook.
3. I'm the best driver.
4. I'm a stranger here myself.
5. I'm a talkative person.

1. 저는 노래를 잘합니다.
2. 저는 요리를 잘합니다.
3. 저는 운전을 잘해요.
4. 저도 여기를 잘 모릅니다.
5. 저는 수다쟁이입니다.

Similar Expressions

1. I'm a quick learner.
2. I'm learning real fast.
3. I can learn it quickly.
4. I don't have any trouble learning it.
5. It's a piece of cake.

1. 저는 빨리 배우는 편입니다.
2. 저는 정말 빨리 배웁니다.
3. 저는 빨리 배울 수 있습니다.
4. 배우는 데 어려움이 없습니다.
5. 식은 죽 먹기죠.

014

Shall we dance?

우리 춤출까요?

리처드 기어가 변호사로 등장했던 *Shall We Dance?*라는 제목의 영화가 있었는데 영화 제목만 잘 활용해 보아도 좋은 영어회화 문장을 만들 수 있습니다.

Dialogue English

Man_
우리 춤출까요?

Woman_
사실, 저는 춤을 잘 추지 못해요.

Man_
어떻게 춤을 추는지 가르쳐 드리죠.

Woman_
좋아요.

 **Talk Tip** 영어로 「I'm not good at ~」은 우리말로 '~을(를) 잘 못합니다'라는 의미입니다. 비슷한 표현으로 「I'm poor at~」이 있습니다.

Pattern English

1. Shall we swim together?
2. Shall we have a drink?
3. Shall we have a meal?
4. Shall we go to the movies?
5. Shall we take a walk?

1. 수영 같이 할까요?
2. 한잔할까요?
3. 식사나 할까요?
4. 영화관에 갈까요?
5. 산책이나 나갈까요?

Similar Expressions

1. How about a dance?
2. Let's dance, shall we?
3. Would you like to dance?
4. Why don't we dance?
5. Do you want to dance with me?

1. 춤추는 게 어떨까요?
2. 춤춥시다.
3. 춤추고 싶으세요?
4. 우리 춤을 추는 게 어떨까요?
5. 저와 춤을 추고 싶으세요?

015

표현난이도 : ★

I don't care about what happened. 무슨 일이 있었는지 관심 없어요.

영화 속에서 정말 많이 나오는 대사가 바로 I don't care, I don't give a shit.인데, 뜻은 모두 '상관 없어, 신경 안 써, 관심 없어'정도로 보면 됩니다.

Dialogue English

Mina_

고백할 게 있어요.

Susan_

사실, **무슨 일이 있었는지 관심 없어요.**

Mina_

농담하는 거죠?

Susan_

아니오, 진심입니다.

 **Talk Tip** 영어로 Are you pulling my leg?라고 하면 '농담이시죠?'의 뜻이므로 Are you kidding[joking]?과 의미가 같습니다.

Pattern English

1. I don't care about politics.
2. I don't care about you.
3. I don't care about her at all.
4. I don't care about being famous.
5. I don't care about this meeting.

1. 정치에 관심이 없어요.
2. 당신에게 관심이 없어요.
3. 그녀에게 전혀 관심이 없어요.
4. 유명해지는 것에 관심이 없어요.
5. 이 모임에 관심이 없어요.

Similar Expressions

1. I don't care.
2. I couldn't care less.
3. It's none of my business.
4. It's not my concern.
5. Who cares?

1. 난 상관 안 해.
2. 내가 알게 뭐야?[내 알 바 아냐.]
3. 내가 상관할 일이 아냐.
4. 내가 상관할 일이 아냐.
5. 누가 신경이나 쓰겠어?[신경 안 써.]

016

표현난이도 | ★

Do you have the time?
몇 시입니까?

시간을 묻는 표현으로, 정관사인 the가 time 앞에 와서 바로 현재 시간을 가리킵니다. 그러므로 의미상 '지금 몇 시죠?'의 뜻이 됩니다.

Dialogue English

Jason_
실례합니다. **몇 시죠?**

Billy_
지금 뭐라고 말씀하셨죠?

Jason_
지금 몇 시나 되었나요?

Billy_
아침 열 시입니다.

Talk Tip 상대방의 말을 제대로 이해하지 못한 경우에 I beg your pardon?이라고 끝을 올려 말하면 됩니다.

Pattern English

1. Do you have any plans tonight?
2. Do you have any questions?
3. Do you have any brothers?
4. Do you have any particular movie in your mind?
5. Do you have a little time?

1. 오늘밤 어떤 계획이 있습니까?
2. 질문이 있습니까?
3. 형제들이 있습니까?
4. 혹시 마음에 두고 있는 특별한 영화라도 있나요?
5. 시간이 조금 있나요?

Similar Expressions

1. Have you got the time?
2. What time is it now?
3. What time does your watch say?
4. What time do you have?
5. Could you tell me the time?

1. 몇 시인가요?
2. 지금 몇 시죠?
3. 몇 시인가요?
4. 몇 시죠?
5. 몇 시나 되었나요?

017

Can I have a word with you?

얘기 좀 할까요?

영어로 Can I have a word with you?라고 하면 '얘기 좀 나눌까요?, 얘기 좀 할 수 있을까요?'라는 뜻이 됩니다.

Dialogue English

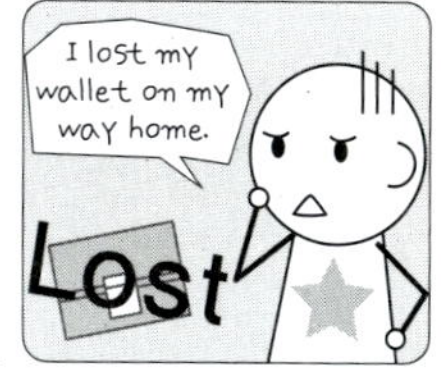

Jason_

마이크! **얘기 좀 할까요?**

Mike_

지금 얘기할 기분이 아닙니다.

Jason_

왜 그래요?

Mike_

집으로 가는 도중에 지갑을 잃어버렸습니다.

Talk Tip '~하고 싶은 심정이 아니다'를 영어로 「be not in the mood to + 동사」라고 표현합니다.

Pattern English

1. Can I have a word with him?
2. Can I have a word with her?
3. Can I have a word with your younger brother?
4. Can I have a word with your husband?
5. Can I have a word with Mr. Kim for a second?

1. 그와 얘기를 나눌 수 있을까요?
2. 그녀와 얘기를 나눌 수 있을까요?
3. 당신 남동생과 얘기를 나눌 수 있을까요?
4. 당신 남편과 얘기를 나눌 수 있을까요?
5. 미스터 김과 잠시 얘기를 나눌 수 있을까요?

Similar Expressions

1. Can I talk to you?
2. Can I have a talk with you?
3. I want to talk to you.
4. I have something to talk to you about.
5. May I have a word with you?

1. 얘기 좀 할 수 있을까요?
2. 당신과 얘기 좀 나눌 수 있나요?
3. 당신과 얘기를 나누고 싶어요.
4. 당신에게 할 말이 있습니다.
5. 얘기 좀 나눌 수 있습니까?

018

What's wrong with you?

왜 그래요?

상대방이 평소와는 다르게 행동을 하거나 말을 하면 '왜 그래?, 무슨 일이야?'라고 묻게 되는데, 이를 영어로는 간단하게 What's wrong with you?나 What is it? 또는 What's wrong?이라고 표현하면 됩니다.

Dialogue English

Jason_
다이애나! **왜 그래요?** 오늘 약간 슬퍼보여요.

Diana_
아버지께서 지난밤 돌아가셨어요.

Jason_
안됐군요.

Diana_
괜찮아요.

Talk Tip 동사 die보다는 pass away(돌아가시다)가 더 정중한 표현입니다.

Pattern English

1. What's wrong with this project?
2. What's wrong with his answer?
3. What's wrong with my presentation?
4. What's wrong with your face?
5. What's wrong with your car?

1. 이 프로젝트가 뭐가 잘못된 거죠?
2. 그의 답변이 뭐가 문제죠?
3. 제 발표가 뭐가 문제인가요?
4. 얼굴이 왜 그렇죠?
5. 당신 차에 무슨 문제라도 있나요?

Similar Expressions

1. What is it?
2. What's with you?
3. What's eating you?
4. What's bothering you?
5. What's bugging you?

1. 왜 그래요?
2. 왜 그래요?
3. 뭐가 문제죠?[왜 그러는 거야?]
4. 무슨 일이야?[왜 그러는 거야?]
5. 무슨 일이야?[왜 그러는 거야?]

019

Let's take five.

5분간 쉽시다.

쉬운 단어로 이루어진 문장이지만 '5분간 휴식을 가집시다'라는 뜻을 영어로 표현하는 것이 말처럼 쉬운 것은 아닙니다. 간단하게 Let's take five.라고 하면 좋겠습니다.

Dialogue English

Jason_

5분간 쉽시다.

Ann_

좋아요. 사실, 저는 배가 고파요. 간단하게 먹는 게 어떨까요?

Jason_

제 마음을 읽으셨네요. 중국 음식이 어때요?

Ann_

저는 중국 음식을 좋아해요.

 **Talk Tip** 우리말에 '배고프다'를 영어로 I'm hungry. 또는 I'm famished.라고 표현합니다.

Pattern English

1. Let's go for a walk.
2. Let's go for a jog.
3. Let's go shopping together.
4. Let's hit the road.
5. Let's grab a bite to eat.

1. 산책하러 갑시다.
2. 조깅하러 갑시다.
3. 함께 쇼핑합시다.
4. 자, 갑시다.
5. 간단하게 먹죠.

Similar Expressions

1. Let's take a break for five minutes.
2. Let's take a five-minute break.
3. Shall we take five?
4. Why don't we take five?
5. I'm ready to take five. How about you?

1. 5분간 쉽시다.
2. 5분간 쉽시다.
3. 5분간 쉴까요?
4. 우리 5분간 쉬죠?
5. 5분간 쉴 준비가 됐어요. 당신은요?

020

표현난이도 | ★

I'm sorry to bother you.

귀찮게 해서 죄송합니다.

동사 bother는 '귀찮게 하다'라는 뜻이 있지만 때로는 '근심하다, 걱정하다'라는 뜻으로 쓰인다는 것도 기억해야 합니다. 그래서 I'm sorry to bother you.라고 하면 '귀찮게 해서 죄송합니다.'뿐 아니라 '걱정하게 만들어 미안하다.'는 뉘앙스도 있습니다.

Dialogue English

Man 1_

실례합니다. 시청을 어떻게 가죠?

Man 2_

죄송해요. 저도 여기를 잘 모릅니다.

Man 1_

귀찮게 해서 죄송합니다.

Man 2_

괜찮습니다. 도와드리지 못해 미안합니다.

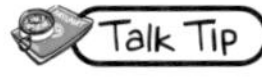

Talk Tip 「how can I get to + 장소 ~ ?」의 구문을 사용해 길을 물어볼 수 있습니다.

Pattern English

1. I'm sorry to wake you up at night.
2. I'm sorry to be late again.
3. I'm sorry to call you again.
4. I'm sorry to have to break my word.
5. I'm sorry to have kept you waiting so long.

1. 밤에 깨워서 미안합니다.
2. 또 다시 늦어서 죄송합니다.
3. 다시 전화해서 미안합니다.
4. 약속을 어길 수 밖에 없어서 미안해요.
5. 오래 기다리게 해서 죄송합니다.

Similar Expressions

1. I'm so sorry to bother you.
2. I'm so sorry to interrupt you.
3. I'm terribly sorry to interrupt you.
4. Sorry to bother you.
5. Sorry to interrupt you.

1. 귀찮게 해서 정말 미안합니다.
2. 방해해서 죄송합니다.
3. 방해해서 정말 미안합니다.
4. 귀찮게 해서 미안해요.
5. 방해해서 미안해요.

Let's take
a **Review**

011. 사적인 질문 하나 해도 될까요?
(ask, you, can, I, a, question, personal)

____?

012. 정말 가격이 싸네요. (it's, steal, a)

____.

013. 저는 빨리 배우는 편입니다. (a, I'm, learner, fast)

____.

014. 우리 춤출까요? (dance, shall, we)

____?

015. 무슨 일이 있었는지 관심 없어요. (I, care, what, about, don't, happened)

____.

016. 몇 시입니까? (time, do, the, you, have)

____?

017. 얘기 좀 할까요? (you, can, I, word, a, have, with)

____?

018. 왜 그래요? (what's, you, with, wrong)

____?

019. 5분간 쉽시다 (let's, five, take)

____.

020. 귀찮게 해서 죄송합니다. (you, to, I'm, bother, sorry)

____.

Step 3

021. **Thank you for your time.**
시간 내주셔서 고맙습니다.

022. **Can I offer you some coffee?**
커피 좀 줄까요?

023. **I'm not interested in him.**
그에게는 관심 없어요.

024. **May I join you?**
함께 할 수 있을까요?

025. **I've got so much to do.**
저는 할 일이 많아요.

026. **Please don't interrupt me.**
제발 방해하지 마세요.

027. **You look somewhat familiar.**
좀 낯이 익네요.

028. **He just stepped out.**
그는 방금 전에 나갔습니다.

029. **Are you nuts?**
정신 나갔어?

030. **What's the rush?**
왜 그리 서두르세요?

02 1

Thank you for your time.

시간 내주셔서 고맙습니다.

친구나 또는 동료 그리고 상사와의 대화를 마친 후 종종 우리는 '시간을 내주셔서 고맙습니다.'라고 감사의 말을 건네게 되는데, 이럴 때 영어로는 Thank you for your time.이라고 합니다.

Dialogue English

Jason_
늦었군요. 지금 가야겠습니다.

Billy_
이렇게 빨리요?

Jason_
네. 아무튼, **시간 내주셔서 고맙습니다.**

Billy_
다음에 또 와주시길 바랍니다.

 **Talk Tip** 우리말에 '저는 가야겠어요.'를 영어로 I should be going. 또는 I gotta go now.라고 표현합니다.

Pattern English	**S**imilar Expressions
1. Thank you for your information.	1. I would like to thank you for your time.
2. Thank you for your invitation.	2. I want to thank you for taking the time.
3. Thank you for your help.	3. Thank you so much for your time.
4. Thank you for your hospitality.	4. Thank you for spending your time with me.
5. Thank you for your advice.	5. I appreciate your taking the time with me.
1. 정보 고마워요.	1. 시간을 내주신 것에 감사드리고 싶습니다.
2. 초대 감사드립니다.	2. 시간을 내주셔서 고맙습니다.
3. 도움에 감사드립니다.	3. 시간 내줘서 감사합니다.
4. 환대에 감사드립니다.	4. 저와 시간을 보내주셔서 고맙습니다.
5. 충고 고맙습니다.	5. 함께 시간을 보내주셔서 고맙습니다.

022

Can I offer you some coffee?

커피 좀 줄까요?

동사 offer는 수여동사로 목적어가 두 개 옵니다. 다시 말해서 간접목적어(사람)와 직접목적어(사물)를 동시에 취합니다. 그러므로 Can I offer you some coffee?라고 하면 '커피 좀 줄까요?'라는 뜻으로 you가 간접목적어(~에게), some coffee가 직접목적어(~을/~를)에 해당됩니다.

Dialogue English

Staff_
편히 쉬세요.

Visitor_
고마워요.

Staff_
커피 좀 드릴까요?

Visitor_
고맙지만 괜찮습니다.

Talk Tip) Please make yourself at home.(편히 쉬세요.)이라는 표현은 집을 방문한 손님에게 사용하면 좋습니다.

Pattern English

1. Can I give you a hand?
2. Can I give you a ride?
3. Can I give you a buzz?
4. Can I help you with anything?
5. Can I get a guided tour?

1. 도와줄까요?
2. 태워줄까요?
3. 전화해도 될까요?
4. 뭘 도와 드릴까요?
5. 가이드 안내를 받으며 관람할 수 있을까요?

Similar Expressions

1. Can I fix you some coffee?
2. Can I get you some coffee?
3. Can I give you some coffee?
4. May I offer you some coffee?
5. Would you like some coffee?

1. 커피 좀 타 줄까요?
2. 커피 좀 줄까요?
3. 커피 좀 줄까요?
4. 커피 좀 드릴까요?
5. 커피 좀 드시겠어요?

023

I'm not interested in him.

그에게는 관심 없어요.

「I'm not interested in+명사」의 패턴을 활용하여 '~에 관심이 없다'는 다양한 문장을 만들 수 있습니다.

Dialogue English

Jason_
5분간 쉽시다. 여기서 담배 피울 수 있나요?

Billy_
이 지역에서는 금연입니다. 밖으로 나갑시다.

Jason_
알았습니다. 그런데 사장님은 어떤 분이시죠?

Billy_
그에게는 관심 없어요.

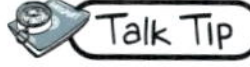 (Talk Tip) Let's take five.는 Let's take a five-minute break.처럼 '5분간 쉽시다.'의 뜻입니다.

Pattern English

1. I'm not interested in this project.
2. I'm not interested in this program.
3. I'm not interested in that concert.
4. I'm not interested in her.
5. I'm not interested in his appearance.

1. 이 프로젝트에 관심 없어요.
2. 이 프로그램에 관심 없습니다.
3. 그 콘서트에 관심 없어요.
4. 그녀에게 관심 없습니다.
5. 그의 외모에 관심 없어요.

Similar Expressions

1. I don't have any interest in him.
2. He is not my concern anymore.
3. I have no real interest in him.
4. I show no interest in him.
5. I am not into him.

1. 그에게 관심 없어요.
2. 그는 더 이상 제 관심사가 아닙니다.
3. 그에게는 관심이 전혀 없습니다.
4. 그에게는 관심이 없습니다.
5. 나는 그에게 관심 없어요.

02**4**

May I join you?

함께 할 수 있을까요?

커피숍이나 식당에서 아는 사람을 만나게 되면 우리는 '이게 누구신가!(Look who's here!)'라고 아는 체를 한 뒤, '앉아도 될까요?, 함께 할 수 있나요?'라고 하며 합석하는 경우가 있는데 영어로는 May I join you?라고 합니다.

Dialogue English

Jason_
오늘밤 뭘 할 계획이죠?

Jane_
영화를 볼 겁니다.

Jason_
함께 할 수 있을까요?

Jane_
물론이죠, 그럼요.

Talk Tip '영화를 보다'는 watch a movie, see a movie, catch a movie로 표현할 수 있습니다.

Pattern English

1. May I take your order, please?
2. May I introduce myself?
3. May I see your prescription?
4. May I have your name?
5. May I ask who's calling?

1. 주문하시겠습니까?
2. 제 소개를 해도 될까요?
3. 처방전을 보여 주시겠어요?
4. 성함이 어떻게 되십니까?
5. 전화하신 분이 누구시죠?

Similar Expressions

1. Can I join you?
2. Do you mind if I join you?
3. Is it okay if I join you?
4. Is it okay with you if I join you?
5. If you don't mind, I would like to join you.

1. 함께 할 수 있나요?
2. 함께 해도 될까요?
3. 함께 해도 괜찮겠습니까?
4. 자리를 함께 해도 괜찮겠습니까?
5. 괜찮으시면, 합석하고 싶습니다.

025

표현난이도 | ★

I've got so much to do.
저는 할 일이 많아요.

I've got so much to do.는 much 다음에 things를 생략하여 사용하는 표현으로 이해하면 좋습니다.

Dialogue English

Jason_

점심시간에 산책하는 게 어떨까요?

Billy_

그러고 싶지만, **저는 할 일이 많아요.**

Jason_

휴식 좀 가지세요.

Billy_

글쎄요, 정 그렇다면.

(Talk Tip) If you say so.(정 그렇다면요.)는 일상생활 속에서 자주 사용되는 표현입니다.

Pattern English

1. Our math teacher has got so much to do.
2. My new secretary has got so much to do.
3. I still have got so much to do.
4. This musical director have got so much to do.
5. Your father seems to have so much to do.

1. 우리 수학 선생님은 할 일이 많습니다.
2. 제 새 비서는 할 일이 많습니다.
3. 난 아직도 할 일이 많습니다.
4. 이 음악 감독은 할 일이 많습니다.
5. 당신 아버께서는 할 일이 많으신 것 같아요.

Similar Expressions

1. I have a million things to do.
2. I have lots of things to do.
3. I'm up to my neck with work.
4. I'm swamped with my work.
5. I'm tied up with my work.

1. 할 일이 너무 많습니다.
2. 할 일이 많습니다.
3. 할 일이 산더미처럼 쌓여 있어요.
4. 할 일이 너무 많이 밀어닥쳐 있어요.
5. 일 때문에 정신이 없습니다.

026

Please don't interrupt me.

제발 방해하지 말아요.

동사 interrupt는 '방해하다, 가로막다'의 뜻이 있으므로 Please don't interrupt me.라고 말을 하게 되면 '방해하지 마세요.'가 됩니다. 그러므로 중요한 일을 하는 도중에 누군가가 자꾸 귀찮게 할 경우, Please don't interrupt me.라고 정중하게 말을 건네면 좋습니다.

Dialogue English

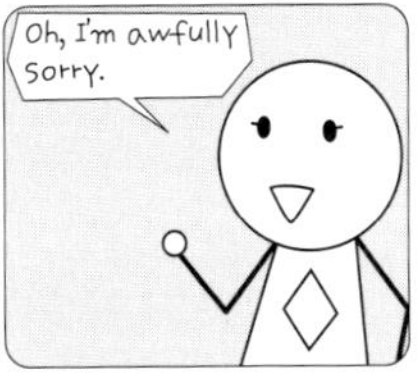

Jason_
제인, 부탁 좀 들어 주시겠어요?

Jane_
물론이죠.

Jason_
제가 전화를 받는 동안에는 **제발 방해하지 말아요.**

Jane_
정말 죄송합니다.

Talk Tip 영어로 Could you do me a favor?는 우리말에 '부탁 좀 들어 주시겠어요?'에 해당되는 표현입니다.

Pattern English

1. Please don't call me tonight.
2. Please don't visit his house.
3. Please don't use my computer.
4. Please don't give her a hand.
5. Please don't walk away from me.

1. 오늘밤 저에게 전화하지 마세요.
2. 그의 집을 방문하지 마세요.
3. 제 컴퓨터를 사용하지 마십시오.
4. 그녀를 도와주지 마십시오.
5. 제 곁에서 떠나지 말아 주세요.

Similar Expressions

1. Please don't bother me.
2. Please don't disturb me.
3. Please leave me alone.
4. Please let me be alone.
5. I want to be alone.

1. 제발 저를 방해하지 마세요.
2. 제발 방해하지 말아요.
3. 혼자 있게 내버려 두십시오.
4. 혼자 있게 해 주십시오.
5. 혼자 있고 싶습니다.

027

You look somewhat familiar.

좀 낯이 익네요.

어디서 본 듯한 느낌이 드는 상대방에게 You look somewhat familiar.이라고 하면 '좀 낯이 익네요.'의 뜻이 됩니다.

Dialogue English

Mike_
안녕하세요. **좀 낯이 익네요.**

Billy_
당신도 그래요. 뉴욕에서 오신 마이크 맞죠?

Mike_
맞습니다. 전에 뵌 적이 있나요?

Billy_
네, 있어요. 오랜만입니다.

Talk Tip) 관용어로 You bet.이라고 하면 You're right.과 같은 표현으로 '맞습니다.'의 뜻입니다.

Pattern English

1. You look tired.
2. You look upset.
3. You look a little down.
4. You look angry.
5. You look exhausted.

1. 피곤해 보입니다.
2. 언짢아 보입니다.
3. 기운이 없어 보입니다.
4. 화난 것처럼 보입니다.
5. 지쳐 보입니다.

Similar Expressions

1. You seem somewhat familiar.
2. You look familiar.
3. You seem to be a little familiar to me.
4. I think I've seen you somewhere before.
5. I think we've met before.

1. 좀 낯이 익네요.
2. 낯이 익습니다.
3. 약간 낯이 익어 보입니다.
4. 전에 어디서 뵌 분 같습니다.
5. 우리 전에 만난 적이 있는 것 같습니다.

028

표현난이도 | ★

He just stepped out.
그는 방금 전에 나갔습니다.

부사 just는 '방금'이란 뜻이고 step은 '걸음을 옮기다'이므로 He just stepped out.이라고 하면 '방금 자리를 비웠습니다, 방금 밖으로 나가셨습니다'라는 뜻이 됩니다.

Dialogue English

Jason_
안녕하세요. 미스터 김과 얘기를 나눌 수 있나요?

Secretary_
그는 방금 전에 나갔습니다.

Jason_
언제쯤 돌아오십니까?

Secretary_
확실히 모르겠습니다.

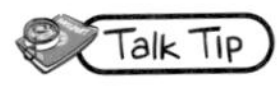
Talk Tip 만나고자 하는 사람, 통화를 하고자 하는 사람이 자리에 없을 때 'When do you expect ~ back?'이라고 물어보면 됩니다.

Pattern English

1. She just stepped out.
2. Our president just stepped out.
3. Her secretary just stepped out.
4. The sales manager just stepped out.
5. The director just stepped out of the office.

1. 그녀는 방금 전에 나갔습니다.
2. 사장님께서 막 자리를 비웠습니다.
3. 그녀의 비서는 방금 나갔습니다.
4. 영업 부장님은 방금 나가셨습니다.
5. 이사님은 방금 사무실 밖으로 나가셨습니다.

Similar Expressions

1. He just stepped out for a moment.
2. He's not in. He just stepped out.
3. He just left the office.
4. He has just left out of the office.
5. He just stepped out of the office.

1. 잠시 자리를 비웠습니다.
2. 지금 안 계십니다. 방금 자리를 비우셨습니다.
3. 그는 막 사무실을 떠났습니다.
4. 그는 지금 막 사무실 밖으로 나가셨습니다.
5. 그는 막 사무실 밖으로 나가셨습니다.

029

Are you nuts?

정신 나갔어?

영어로 Are you nuts?라고 하면 우리말에 '너 제 정신이니?, 너 미쳤니?' 정도의 뜻이 됩니다. 비난의 뉘앙스가 강하므로 격식을 갖춘 자리에서는 사용하지 않도록 합시다.

Dialogue English

Jason_

여기서 일 못 하겠어.

Billy_

정신 나갔어?

Jason_

아니. 더 이상 나의 일이 마음에 들지 않아. 지겨워.

Billy_

내가 너라면 여기서 일하는 것 결코 그만 안둘 거야!

 Talk Tip '내가 너라면, 내가 네 입장이라면'에 해당되는 영어 표현이 바로 If I were you입니다.

Pattern English

1. Are you excited?
2. Are you mad at me?
3. Are you happy with me?
4. Are you a little disappointed?
5. Are you talkative?

1. 흥분됩니까?
2. 저에게 화가 났나요?
3. 저와 있는 게 행복해요?
4. 약간 실망했나요?
5. 말이 많으세요?

Similar Expressions

1. Are you out of your mind?
2. Are you crazy?
3. Are you insane?
4. You went bananas.
5. You went bonkers.

1. 너 미쳤어?
2. 너 미쳤어?
3. 미쳤어?
4. 너는 돌았어.
5. 넌 미쳤어.

030

What's the rush?

왜 그리 서두르세요?

너무 성급하게 일을 하려고 하는 동료나 친구에게 '왜 그리 서둘러? 천천히 해.'라고 말을 건넬 때, What's the rush?라고 하면 적절한 표현이 됩니다.

Dialogue English

Jason_

가야겠군요. 나중에 봐요.

Billy_

왜 그리 서두르세요?

Jason_

내일 시험이 있습니다.

Billy_

정말이에요? 시험 잘 보세요.

Talk Tip '시험 잘 봐요.'를 영어로 Good luck on your test.라고 말합니다.

Pattern English

1. What's your point?
2. What on earth are you doing here?
3. What took you so long?
4. What makes you say like that?
5. What brought you here?

1. 당신 요점이 뭐죠?
2. 도대체 여기서 무엇을 하고 있습니까?
3. 왜 이리 늦었죠?
4. 왜 그런 식으로 말씀하시죠?
5. 여기에 왜 오셨습니까?

Similar Expressions

1. There's no rush.
2. What's the hurry?
3. Where's the fire?
4. There's no need to hurry.
5. You don't need to hurry.

1. 서두를 필요는 없어요.
2. 왜 서두르시죠?
3. 뭐가 그리도 바빠요?
4. 서두를 필요는 없어요.
5. 서두를 필요는 없어요.

Let's take a **Review**

021. 시간 내주셔서 고맙습니다. (your, thank, time, for, you)

____ .

022. 커피 좀 줄까요? (can, offer, I, some, you, coffee)

____ ?

023. 그에게는 관심 없어요. (I'm, interested, him, in, not)

____ .

024. 함께 할 수 있을까요? (you, may, join, I)

____ ?

025. 저는 할 일이 많아요. (got, much, so, I've, do, to)

____ .

026. 제발 방해하지 말아요. (don't, please, me, interrupt)

____ .

027. 좀 낯이 익네요. (somewhat, familiar, you, look)

____ .

028. 그는 방금 전에 나갔습니다. (out, just, he, stepped)

____ .

029. 정신 나갔어? (are, nuts, you)

____ ?

030. 왜 그리 서두르세요? (rush, what's, the)

____ ?

Step 4

031. **I'm worried about you.**
당신이 걱정됩니다.

032. **Do you mind if I smoke here?**
여기서 담배를 피워도 되나요?

033. **It took my breath away.**
멋있었습니다.

034. **May I help you with your bag?**
제가 가방을 들어 드릴까요?

035. **I didn't catch your name.**
당신 이름을 못 들었습니다.

036. **I fell in love.**
저는 사랑에 빠졌어요.

037. **I like your new shirt.**
당신의 새 셔츠가 멋있습니다.

038. **I have a crush on you.**
당신에게 반했어요.

039. **If I were in your shoes ~**
내가 네 입장이라면 ~

040. **I'm in a bind.**
저는 곤경에 처해 있어요.

031

I'm worried about you.

당신이 걱정됩니다.

「I'm worried about~」이라는 영어 패턴을 활용하여 다양한 표현을 만들 수 있는데 상대방에게 '무슨 걱정이라도 있어요?'라고 묻고 싶을 때는 이 패턴을 응용해서 What are you worried about?이라고 하면 됩니다.

Dialogue English

Mina_
왜 그래요? 근심이 있는 것처럼 보입니다.

Billy_
제가요?

Mina_
네, 그래 보여요. 뭘 그렇게 걱정하는 거예요?

Billy_
사실, **당신이 걱정돼요.**

 **Talk Tip** 영어로 What's with you?라고 하면 우리말로 '왜 그래?' 또는 '무슨 일 있어?'로 해석되며 What is it?이 그와 비슷한 표현입니다.

Pattern English

1. I'm worried about my future.
2. I'm worried about my promotion.
3. I'm worried about your health.
4. I'm worried about his children.
5. I'm worried about her mother.

1. 제 미래가 걱정됩니다.
2. 승진이 걱정됩니다.
3. 당신 건강이 걱정됩니다.
4. 그의 아이들이 걱정됩니다.
5. 그녀의 어머님이 걱정됩니다.

Similar Expressions

1. My concern is for you.
2. I'm concerned about you.
3. I'm anxious about you.
4. I feel concern for you.
5. I'm so worried about you.

1. 당신이 걱정됩니다.
2. 당신이 걱정되네요.
3. 당신이 걱정됩니다.
4. 당신이 걱정됩니다.
5. 당신이 너무 걱정이 됩니다.

032

Do you mind if I smoke here?

여기서 담배를 피워도 되나요?

이 표현에서 동사 mind는 '꺼려하다'라는 뜻이므로 직역하면 '제가 여기서 담배를 피운다면 꺼려하시나요?'가 되지만 의역해서 '제가 여기서 담배를 피워도 괜찮습니까?'라고 알아두세요.

Dialogue English

Jason_

여기서 담배를 피워도 괜찮습니까?

Billy_

괜찮습니다.

Jason_

커피 한 잔 하시겠습니까?

Billy_

물론이죠, 감사합니다.

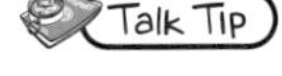

Talk Tip Do you mind ~?에 대한 답으로 '괜찮아요'라는 의미의 I don't mind.나 Of course not. 또는 Not at all.이 좋습니다.

Pattern English

1. Do you mind if I borrow your English book?
2. Do you mind if I use your phone?
3. Do you mind if I sit here?
4. Do you mind if I make a phone call?
5. Do you mind if I open the window?

1. 당신 영어책을 빌려도 괜찮습니까?
2. 당신 전화를 사용해도 괜찮습니까?
3. 여기에 앉아도 괜찮습니까?
4. 전화를 걸어도 괜찮습니까?
5. 창문을 열어도 괜찮습니까?

Similar Expressions

1. Would you mind if I smoked here?
2. Can I smoke here?
3. May I smoke here?
4. Do you mind my smoking here?
5. Is that okay with you if I smoke here?

1. 여기서 담배를 피워도 괜찮습니까?
2. 여기서 담배를 피울 수 있나요?
3. 여기서 흡연을 해도 됩니까?
4. 제가 여기서 담배를 피워도 괜찮나요?
5. 여기서 담배를 피워도 괜찮습니까?

03₃

표현난이도 | ★

It took my breath away.
멋있었습니다.

영화 *Top Gun*의 주제곡으로 Berlin이 불러서 인기를 얻었던 *Take My Breath Away*가 있는데 팝송 제목 자체가 좋은 영어 표현이 됩니다. 만약 blind date(소개팅)에서 멋진 상대를 만나게 되는 경우, She(He) took my breath away.라고 하면 '그녀(그)가 제 마음을 사로잡았습니다.'의 뜻이 됩니다.

Dialogue English

Jason_
지난 일요일에 부산 여행은 어땠습니까?

Billy_
멋있었습니다. 대단했어요.

Jason_
진짜요? 가족과 즐거운 시간을 보냈어요?

Billy_
네, 그랬어요.

 Talk Tip '~ 여행은 어땠습니까?'는 영어로 간단하게 「How was your trip to + 장소?」로 표현합니다.

Pattern English

1. Busan took my breath away.
2. Tokyo took my breath away.
3. The Han River took my breath away.
4. He took my breath away.
5. The view from Seoul Tower took my breath away.

1. 부산은 멋있었어요.
2. 도쿄는 정말 환상적이었습니다.
3. 한강은 정말 멋있었습니다.
4. 그는 정말 멋있었습니다.
5. 서울 타워 전망이 정말 멋있었어요.

Similar Expressions

1. It's beyond my description.
2. It couldn't be greater.
3. It was fantastic.
4. It was a breathtaking moment.
5. It was marvelous.

1. 말로써 설명을 못합니다.
2. 정말 훌륭했습니다.
3. 환상적이었습니다.
4. 정말 환상적인 순간이었어요.
5. 굉장했습니다.

034

May I help you with your bag?
제가 가방을 들어 드릴까요?

우리말에 '제가 가방을 들어 드릴까요?'에 해당되는 May I help you with your bag?은 자주 사용하고 응용이 가능한 패턴이므로 암기해서 활용하면 좋습니다.

Dialogue English

Staff_
실례합니다. **제가 가방을 들어 드릴까요?**

Jason_
걱정 마세요. 제가 할 수 있습니다.

Staff_
그래요. 도움이 필요하면 주저 없이 요청하세요.

Jason_
알겠습니다.

 **Talk Tip** 동사 bother는 '괴롭히다'의 뜻이지만 '걱정하다, 근심하다'의 뜻도 있음을 기억해야 합니다.

Pattern English

1. May I help you with that bag?
2. May I help you with anything?
3. May I help you with your problem?
4. May I help you with your homework?
5. May I help you with your project?

1. 제가 저 가방을 들어 드릴까요?
2. 제가 무언가를 도와 드릴까요?
3. 제가 당신 문제를 도와 드릴까요?
4. 제가 당신 숙제를 도와 드릴까요?
5. 제가 당신 프로젝트를 도와 드릴까요?

Similar Expressions

1. Can I help you with your bag?
2. Can I give you a hand with your bag?
3. Do you want me to help you with your bag?
4. Do you mind if I help you with your bag?
5. Would you like me to help you with your bag?

1. 가방을 들어 드릴까요?
2. 당신 가방을 들어 줄까요?
3. 내가 가방을 들어 주길 원하세요?
4. 내가 가방을 들어 드려도 괜찮을까요?
5. 당신 가방을 들어주길 원하십니까?

035

I didn't catch your name.

당신 이름을 못 들었습니다.

상대방의 이름을 못 들었거나, 예전에 들었던 이름을 기억하지 못하는 경우에 쓰는 표현이 바로 I didn't catch your name.입니다. catch라는 동사는 '잡다'라는 뜻 이외에 '때마침 만나다', '(시간 맞춰) 타다', '(병에) 걸리다', '이해하다' 등의 뜻으로도 쓰입니다.

 **D**ialogue English

Susan_
다시 만나서 반갑습니다.

Mike_
저도 역시 만나서 반갑습니다.

Susan_
미안하지만 **당신 이름을 못 들었습니다.** 이름이 뭐라고 하셨죠?

Mike_
제 이름은 마이크입니다.

Talk Tip 이름을 다시 묻고 싶다면 간단하게 What's your name again?이라고 하면 됩니다.

Pattern English

1. I didn't catch your point correctly.
2. I didn't catch a cold.
3. I didn't catch a train in time.
4. I didn't catch what you said.
5. I'll catch you later.

1. 당신 요점을 정확히 파악하지 못했습니다.
2. 감기에 걸리지 않았습니다.
3. 제때에 기차를 타지 못했어요.
4. 당신이 말씀하신 것을 제대로 이해 못했습니다.
5. 나중에 또 봐.

Similar Expressions

1. I didn't know your name.
2. I forgot your name.
3. I can't remember your name.
4. Your name again, please?
5. Would you repeat your name?

1. 당신 이름을 몰랐습니다.
2. 당신 이름을 까먹었습니다.
3. 당신 성함을 기억 못합니다.
4. 이름이 뭐라고 하셨죠?
5. 성함을 다시 말씀해 주시겠어요?

036

I fell in love.

저는 사랑에 빠졌어요.

'사랑에 빠지다'에 해당되는 영어 표현이 많지만 그 중에 I fell in love.는 흔하게 사용되는 표현이므로 익혀두면 좋겠습니다.

Dialogue English

Jason_
첫눈에 저는 그녀와 **사랑에 빠졌어요.**

Billy_
농담이죠?

Jason_
아니오, 농담이 아닙니다.

Billy_
그래요.

 Talk Tip '첫눈에'를 영어로 at first sight라고 표현합니다. 자주 사용하는 표현 중에 하나입니다.

Pattern English

1. You fell in love, didn't you?
2. My younger sister fell in love.
3. He fell in love with her at first sight.
4. She fell in love with me.
5. We fell in love with each other.

1. 사랑에 빠졌죠, 그렇죠?
2. 제 여동생은 사랑에 빠졌습니다.
3. 그는 첫눈에 그녀와 사랑에 빠졌습니다.
4. 그녀는 나와 사랑에 빠졌습니다.
5. 우리는 서로 사랑에 빠졌습니다.

Similar Expressions

1. I'm in love.
2. I'm falling in love.
3. I can't stop loving you.
4. I love you with all my heart.
5. I'm yours.

1. 저는 사랑에 빠졌어요.
2. 사랑에 빠졌어요.
3. 당신을 사랑합니다.
4. 온 마음을 다해 당신을 사랑합니다.
5. 난 당신 거예요.

037

I like your new shirt.

당신의 새 셔츠가 멋있습니다.

동사 like에는 '좋아한다'라는 뜻 이외에도 '마음에 들다, 멋있다'의 뜻이 있다는 것을 알고 있어야 합니다. 또한 이런 칭찬의 말을 들었을 경우, 간단하게 It's nice of you.(고마워요.)라고 대답을 하면 좋습니다.

Dialogue English

Jason_
당신의 새 셔츠가 멋있습니다.

Billy_
고마워요.

Jason_
어디서 구입했습니까?

Billy_
백화점에서요.

Talk Tip '감사합니다'를 간단하게 Thank you.라고 해도 좋고 Many thanks. 또는 Thanks a million.이라고 해도 괜찮습니다.

Pattern English

1. I like your hat.
2. I like your dress.
3. I like your computer.
4. I like your car.
5. I like the way you smile.

1. 당신 모자가 멋있어요.
2. 당신 옷이 멋있어요.
3. 당신 컴퓨터가 근사해요.
4. 당신 차가 멋있습니다.
5. 당신 웃는 모습이 마음에 들어요.

Similar Expressions

1. I love your new shirt.
2. Your new shirt looks good on you.
3. Your new shirt looks great.
4. Your new shirt looks fantastic.
5. You have a great new shirt.

1. 당신 새 셔츠가 근사합니다.
2. 당신 새 셔츠가 잘 어울리네요.
3. 당신 새 셔츠가 훌륭해 보입니다.
4. 당신 새 셔츠가 환상적으로 보입니다.
5. 훌륭한 셔츠를 가지고 계시네요.

038

표현난이도 | ★

I have a crush on you.
당신에게 반했습니다.

우리말에 '반하다'에 해당되는 영어 표현으로 be stuck on you, be crazy about you, have(get) a crush on you 등이 있습니다.

ⓓ Dialogue English

Julia_
피터, 저에게 하고 싶은 말이 뭐예요?

Peter_
당신에게 반했어요.

Julia_
정말이에요?

Peter_
진심이에요.

(Talk Tip) 영어로 I mean it.이라고 하면 I'm serous.처럼 '진심입니다, 진담입니다'의 뜻이 됩니다.

ⓟ Pattern English

1. His younger sister, Sunny, has a crush on you.
2. I want to say that I have a crush on you.
3. Who had a crush on you?
4. My friend has a crush on you.
5. Peter has a crush on you.

1. 그의 여동생, 써니가, 당신에게 반했어요.
2. 당신에게 반했다는 것을 말하고 싶어요.
3. 누가 당신에게 반했나요?
4. 제 친구가 당신에게 푹 빠졌어요.
5. 피터가 당신에게 반했어요.

ⓢ Similar Expressions

1. I'm stuck on you.
2. I'm crazy about you.
3. I'm wild about you.
4. I'm hung up on you.
5. I've got a crush on you.

1. 당신에게 반했습니다.
2. 당신에게 폭 빠져 버렸습니다.
3. 난 너라면 사족을 못 써.
4. 당신에게 반했어요.
5. 당신에게 반해 버렸습니다.

039

If I were in your shoes ~

내가 네 입장이라면 ~

문법에서 가정법 과거를 배울 때 많이 나오는 문장입니다. 영화 속에서도 자주 등장하는 표현인데 뜻은 '내가 네 입장이라면'이라는 가정의 표현입니다.

Dialogue English

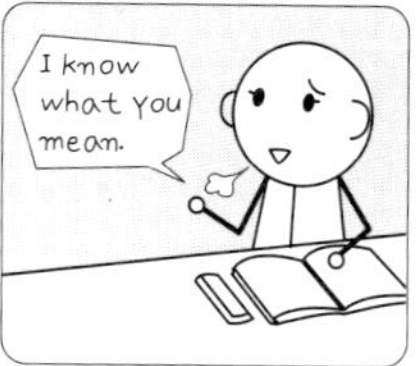

Jason_
영어 공부하는 것 포기하고 싶어.

Billy_
내가 네 입장이라면, 결코 그런 식으로 포기하지 않을 거야.

Jason_
정말 지겨워.

Billy_
무슨 뜻인지 알아.

Talk Tip 'A가 지겨워'라는 뜻으로 「be sick and tired of A」를 종종 사용합니다.

Pattern English

1. If I were in your shoes, I couldn't do that.
2. If I were in your shoes, I'd resign immediately.
3. If I were in your shoes, I would accept the invitation.
4. If I were in your shoes, I would never give up like this.

1. 내가 네 입장이라면 그것을 할 수 없을 거야.
2. 내가 네 입장이라면 나는 즉시 사임할 거야.
3. 내가 네 입장이라면 초대를 받아들일 거야.
4. 내가 네 입장이라면 결코 이런 식으로 포기하지 않을 거야.

Similar Expressions

1. If I were you ~
2. If I were in the same situation ~
3. If I were in your place ~
4. If I were in your position ~
5. If I were in your situation ~

1. 내가 너라면 ~
2. 내가 같은 상황에 있다면 ~
3. 내가 네 입장이라면 ~
4. 내가 네 입장이라면 ~
5. 내가 네 상황이라면 ~

040

I'm in a bind.
저는 곤경에 처해 있어요.

I'm in a bind.처럼 '곤경에 처하다'에 해당되는 표현은 상당히 많습니다. I'm in trouble.(곤경에 처해 있어요.), I'm in hot water.(어려움에 빠져있습니다.), My back is against the wall.(저는 궁지에 몰렸습니다.) 등이 I'm in a bind.와 같은 표현입니다.

Dialogue English

Jason_

저는 곤경에 처해 있어요.

Billy_

정말입니까?

Jason_

네. 무엇을 해야 할지 모르겠습니다. 조언 좀 해줄 수 있어요?

Billy_

그럴게요. 당신 문제가 뭔지 말해 보세요.

Talk Tip 상대방으로부터 조언을 얻고 싶을 때, Could you give me some advice?라고 정중하게 말을 건네면 좋겠습니다.

Pattern English

1. I'm really in a bind.
2. This schedule has me in a bind.
3. We're in a bind.
4. The tiger was in a bind.
5. They should admit they are in a bind.

1. 제가 정말 상황이 어려워요.
2. 이 일정 때문에 제가 곤경에 처했어요.
3. 우리가 난처한 상황에 빠져 있거든요.
4. 호랑이는 곤경에 처했어요.
5. 그들이 곤경에 처했다고 그들은 인정해야 해요.

Similar Expressions

1. I'm in a difficult situation.
2. I'm in a dilemma.
3. I'm in a fix.
4. I have my back to the wall.
5. I'm in a jam.

1. 저는 어려운 상황 속에 있습니다.
2. 저는 딜레마에 빠졌어요.
3. 저는 곤경에 처했어요.
4. 저는 궁지에 몰렸습니다.
5. 저는 난처한 입장에 있어요.

Let's take a **Review**

031. 당신이 걱정됩니다. (you, I'm, about, worried)

____ .

032. 여기서 담배를 피워도 괜찮습니까? (do, here, if, mind, you, I, smoke)

____ ?

033. 멋있었습니다. (it, away, took, breath, my)

____ .

034. 제가 가방을 들어 드릴까요? (may, bag, with, your, help, you, I)

____ ?

035. 당신 이름을 못 들었습니다. (I, your, name, catch, didn't)

____ .

036. 저는 사랑에 빠졌어요. (love, in, I, fell)

____ .

037. 당신의 새 셔츠가 멋있습니다. (shirt, I, your, like, new)

____ .

038. 당신에게 반했습니다. (I, you, a, on, crush, have)

____ .

039. 내가 네 입장이라면. (if, your, shoes, I, were, in)

____ .

040. 저는 곤경에 처해 있어요. (I'm, bind, a, in)

____ .

Step 5

041. **I'm not much of a drinker.**
저는 술을 잘 못합니다.

042. **Where are you off to?**
어디 갑니까?

043. **I was wondering if I could use your car.**
당신 차를 사용해도 될지 모르겠어요.

044. **What's bugging you?**
무슨 일이야?

045. **I didn't mean to upset you.**
속상하게 하려던 것은 아니었어요.

046. **I mean it.**
진심이야.

047. **You've gotta go.**
너는 가야 돼.

048. **Let's call it a day.**
퇴근합시다.

049. **May I think it over, please?**
생각 좀 할 수 있을까요?

050. **You look gorgeous.**
멋져 보여요.

04 1

I'm not much of a drinker.

저는 술을 잘 못합니다.

영화 속에서 자주 등장하는 표현이 「much of a+명사」로 뜻은 '대단한'입니다. 그러므로 I'm not much of a drinker.라고 하면 '저는 술을 잘 못합니다.'가 됩니다.

Dialogue English

Jason_
저녁에 무엇을 할 겁니까?

Billy_
글쎄요, 잘 모르겠습니다.

Jason_
오늘밤 술 한잔 어떻습니까?

Billy_
좋습니다만 **저는 술을 잘 못합니다.**

Talk Tip 상대방에게 무언가를 제안하고 싶을 경우, 「How about ~ing?」의 패턴을 적극적으로 활용하면 됩니다.

Pattern English

1. I'm not much of a talker.
2. I'm not much of a cook.
3. I'm not much of a poet.
4. I'm not much of a driver.
5. I'm not much of a swimmer.

1. 저는 말 수가 적습니다.
2. 저는 대단한 요리사가 아닙니다.
3. 저는 대단한 시인이 아닙니다.
4. 저는 운전을 잘 하지는 못합니다.
5. 저는 수영을 잘 하지는 못해요.

Similar Expressions

1. I can't drink a lot.
2. I drink a little bit, but not a lot.
3. I don't drink too much.
4. I'm not good at drinking.
5. I'm not a heavy drinker.

1. 저는 술을 많이 마시지 못합니다.
2. 저는 술을 조금 마시지만 많이 마시지는 않습니다.
3. 저는 술을 너무 많이 마시지는 않습니다.
4. 저는 술을 잘 하지는 못합니다.
5. 저는 술을 잘 마시지는 못해요.

042

표현난이도 ┃ ★

Where are you off to?

어디 갑니까?

영화 속에서 이런 표현이 나오면 처음 들었을 때는 도대체 무슨 뜻인지 감을 잡기 힘들지만 쉬운 어휘만 써서 '어디 가니?, 어디 가는 중이니?'라는 뜻을 나타내는 일상에서 흔히 쓰는 표현입니다.

Dialogue English

Jason_

어디 갑니까?

Billy_

체육관에 가는 중입니다.

Jason_

왜 가는 건가요?

Billy_

살 좀 빼야될 것 같아서요.

Talk Tip 우리말에 '살을 빼다'를 영어로 간단하게 be on a diet, lose weight 라고 표현합니다.

Pattern English

1. Where is your friend off to?
2. Where is this engineer off to?
3. Where is Mike off to?
4. Where are you off to in such a hurry?
5. Hey, honey. Where are we off to today?

1. 당신 친구는 어디 가는 거죠?
2. 이 엔지니어는 어딜 가는 거죠?
3. 마이크는 어디 가는 거죠?
4. 너 어딜 그리 급하게 가니?
5. 자기야, 오늘 우리 어디 가는 거야?

Similar Expressions

1. Where are you going?
2. Where are you heading?
3. Where to?
4. Where are you headed?
5. What's your destination?

1. 어디에 가고 있는 중이죠?
2. 어디로 가는 중이죠?
3. 어디로 가시나요?
4. 어디로 가는 중이죠?
5. 목적지는 어디입니까?

043

I was wondering if I could use your car. 당신 차를 사용해도 될지 모르겠어요.

영어로 I was wondering if I could use your car.는 '제가 당신 차를 사용해도 될지 모르겠군요.'라는 뜻입니다. 여기서 「I was wondering if I could + 동사」의 구조는 상대방으로부터 허락을 받고자 할 때 사용되는 패턴입니다.

Dialogue English

Jason_
당신 차를 사용해도 될지 모르겠어요.

Billy_
그럼요, 여기 제 차 열쇠예요.

Jason_
정말 고맙습니다.

Billy_
천만에요.

(Talk Tip) 감사하다는 말을 상대로부터 듣게 되는 경우, You're quite welcome.이라고 대답을 하면 됩니다.

Pattern English

1. I was wondering if I could ask your name.
2. I was wondering if I could go home.
3. I was wondering if I could help you.
4. I was wondering if we could eat out.
5. I was wondering if I could accept your proposal.

1. 당신 성함을 여쭈어 봐도 될지 모르겠습니다.
2. 집에 가도 될지 모르겠습니다.
3. 도와드려도 될지 모르겠습니다.
4. 우리가 외식을 해도 될지 모르겠습니다.
5. 당신 제안을 받아들여도 될지 모르겠습니다.

Similar Expressions

1. May I use your car?
2. Can I use your car?
3. Do you mind if I use your car?
4. Is it okay with you if I use your car?
5. I want to use your car.

1. 당신 차를 사용해도 될까요?
2. 당신 차를 사용할 수 있나요?
3. 당신 차를 사용해도 괜찮습니까?
4. 당신 차를 사용해도 괜찮습니까?
5. 당신 차를 사용하고 싶습니다.

044

표현난이도 ★

What's bugging you?
무슨 일이야?

상대방의 언행이 평소와 다르면 이런 상황 속에서 '왜 그래?, 무슨 일이야?'라고 말을 건네게 됩니다.
여기서 동사 bug는 '성가시게 하다, 괴롭히다'라는 뜻으로 사용됩니다.

Dialogue English

Jason_
무슨 일이야?

Billy_
내가 없을 때 내 이야기를 했다는 게 좀 언짢아.

Jason_
정말 미안해. 내가 잘못했어. 내가 어떻게 보상하면 되지?

Billy_
사실, 네가 할 일이 없어. 이미 돌이킬 수가 없어.

Talk Tip The damage is done.은 상황에 맞게 해석하면 되는데 여기서는 '이미 돌이킬 수가 없어, 소용없어'의 뜻입니다.

Pattern English

1. What's your point?
2. What's up?
3. What's on TV now?
4. What's the difference?
5. What's the matter?

1. 당신 요점이 뭡니까?
2. 잘 지내지?
3. 지금 TV에서 무엇이 상영되고 있죠?
4. 그렇다고 뭐가 달라지는데?
5. 문제가 뭔데?

Similar Expressions

1. What is it?
2. What's bothering you?
3. What's eating you?
4. What's wrong?
5. Why are you so blue?

1. 왜 그래?
2. 무슨 걱정거리라도 있어요?
3. 무슨 걱정이라도 있나요?
4. 뭐가 문제죠?
5. 왜 그렇게 우울해 보여요?

045

I didn't mean to upset you.

속상하게 하려던 것은 아니었어요.

'~하려고 할 의도는 아니었어요, ~하려는 게 아니었습니다'를 영어로 하면 「I didn't mean to + 동사」입니다.

 Dialogue English

Mike_
죄송하지만, 제가 언짢게 했나요?

John_
조금은 그래요.

Mike_
정말 죄송합니다. 사실, **속상하게 하려던 것은 아니었어요.**

John_
괜찮습니다.

Talk Tip 상대방의 기분을 언짢게 했는지 확인하고 싶을 때, Excuse me, did I offend you?라고 말을 건네면 됩니다.

Pattern English

1. I didn't mean to frighten you.
2. I didn't mean to be late again.
3. I didn't mean to make you so angry.
4. I didn't mean to be rude.
5. I didn't mean to break my word.

1. 놀라게 하려던 것은 아니었어요.
2. 다시 늦으려고 했던 것은 아니었어요.
3. 당신을 그렇게 화나게 하려고 했던 것은 아니었어요.
4. 무례하게 굴려던 것은 아니었습니다.
5. 약속을 어기려던 것은 아니었습니다.

Similar Expressions

1. I didn't intend to upset you.
2. I didn't want to upset you.
3. I didn't mean to offend you.
4. I didn't mean to bother you.
5. I didn't mean to break your feelings.

1. 기분 상하게 할 의도는 아니었습니다.
2. 언짢게 하고 싶지 않았습니다.
3. 기분 상하게 하려고 했던 것은 아니었습니다.
4. 괴롭히려고 했던 것은 아니었습니다.
5. 마음에 상처를 줄 의도는 아니었어요.

046

I mean it.
진심이야.

재미있게 보았던 영화 *Titanic*에서 자주 나오는 표현인 I mean it.이라는 표현은 실제로도 영·미인들이 많이 쓰는 표현입니다. 우리말로 번역을 하면 '정말입니다, 진실입니다, 농담이 아닙니다'라는 의미입니다.

Dialogue English

Father_

제인, 이 지저분한 것 빨리 치워.

Jane_

아빠, 제니와 놀아야 돼요. 밖에서 저를 기다리고 있어요.

Father_

얘야! 지금 당장 치워. **진심이야.**

Jane_

알겠어요. 즉시 이 지저분한 것을 치우겠어요.

Talk Tip 영어로 in no time이라고 하면 우리말에 '즉시, 당장'에 해당되는 표현입니다.

Pattern English

1. A: I love you. B: You mean it?
2. I'm trying to stop smoking. I mean it.
3. I was just getting ready to call you. I mean it.
4. I'm ready to help you. I mean it.
5. I want to marry you. I mean it.

1. A: 사랑해. B: 진심이에요?
2. 담배 끊으려고 해. 진심이야.
3. 막 전화하려고 했어. 농담 아냐.
4. 널 도울 준비가 됐거든. 진심이야.
5. 너와 결혼하고 싶어. 정말이야.

Similar Expressions

1. I'm serious.
2. I'm positive.
3. I'm not kidding.
4. I'm not joking.
5. I mean what I say.

1. 정말입니다.
2. 진심입니다.
3. 농담 아닙니다.
4. 농담 아닙니다.
5. 진심이에요.

047

You've gotta go.
너는 가야 돼.

gotta는 got to의 줄임말입니다. 다시 말해서 「You've gotta＋동사」의 표현은 '너는 ～해야 돼'의 뜻입니다.

▶ Dialogue English

Jason_
피터, **너는 지금 가야 돼.**

Peter_
지금 내가 왜 가야 하지?

Jason_
2시에 참석해야 할 중요한 모임이 있는 걸 모르니?

Peter_
깜빡 잊고 있었네. 상기시켜 줘서 고마워.

Talk Tip 대화 중에 나온 It has slipped my mind.는 '잠시 잊었어요, 깜빡 잊고 있었어요'의 뜻이 됩니다.

▶ Pattern English

1. You've got to go home.
2. You've got to do your best.
3. You've got to sleep now.
4. You've got to give him a call.
5. You've got to tell me the truth.

1. 너는 집에 가야 돼.
2. 너는 최선을 다해야 돼.
3. 너는 지금 자야 돼.
4. 너는 그에게 전화를 걸어야 돼.
5. 너는 나에게 진실을 말해야 돼.

▶ Similar Expressions

1. You've gotta leave.
2. You need to hit the road.
3. You have to go.
4. You should get going.
5. You need to take off.

1. 너는 떠나야 해.
2. 너는 출발해야 돼.
3. 너는 가야 해.
4. 너는 떠나야 해.
5. 너는 출발해야 돼.

048

Let's call it a day.

퇴근합시다.

직역하면 '그것을 하루 일로 부르자.'가 되지만 우리말로 '(오늘은) 여기까지 합시다.'라는 의미입니다.
다시 말해서 '하던 일을 그만 접고 집에 가자.'라는 뜻이 내포되어 있습니다.

Ⓓialogue English

Jason_
지쳤어요. 우리는 휴식이 필요한 것 같아요.

Billy_
우리는 쉬지 않고 열 시간 동안 일했어요.

Jason_
벌써 9시이군요. **여기까지 합시다.**

Billy_
좋아요. 자, 갑시다.

Talk Tip Let's get going.이라고 하면 Let's go.처럼 '자, 갑시다.'의 뜻으로 사용됩니다.

Ⓟattern English

1. Let's go for a drink.
2. Let's go for a jog.
3. Let's go for a walk.
4. Let's stop working.
5. Let's take a break.

1. 술 한잔하러 갑시다.
2. 조깅하러 갑시다.
3. 산책하러 갑시다.
4. 일 그만 합시다.
5. 잠깐 쉽시다.

Ⓢimilar Expressions

1. Let's get out of here.
2. Let's say our goodbyes.
3. Let's call it quits.
4. Let's quit and leave.
5. Let's call it a night at 3 a.m..

1. 여기서 나갑시다.
2. 자, 작별합시다.
3. 퇴근합시다.
4. 그만하고 나갑시다.
5. 새벽 3시에 일을 끝냅시다.

049

May I think it over, please?

생각 좀 할 수 있을까요?

조동사 May로 시작되는 유형은 대부분 공손한 뜻을 가지고 있습니다. May I think it over, please? 라고 말을 하게 되면 '생각 좀 할 수 있습니까?'라는 의미의 공손한 표현입니다.

 Dialogue English

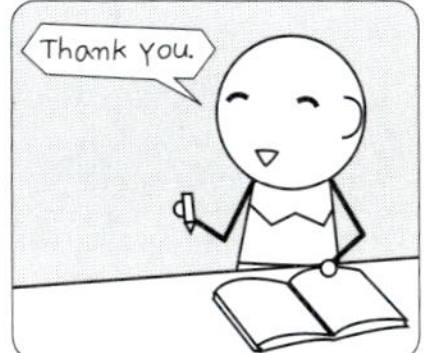

Jason_
이 문제를 어떻게 해결할지 모르겠습니다.

Billy_
생각 좀 해봐도 될까요?

Jason_
좋으실 대로 하세요.

Billy_
고마워요.

Talk Tip   '좋으실 대로 하세요.'는 Do as you wish 또는 Suit yourself.라고 표현합니다.

Pattern English

1. May I give you some additional information?
2. May I ask you a big favor?
3. May I answer the phone?
4. May I help you do the dishes?
5. May I go with you to your home?

1. 추가 정보를 드릴까요?
2. 큰 부탁을 해도 됩니까?
3. 전화를 받아도 될까요?
4. 설거지 하는 것을 도와 드릴까요?
5. 집까지 바래다 드릴까요?

Similar Expressions

1. Let me think about it.
2. Please allow me to think about it.
3. I need to do the thinking.
4. Let me see.
5. Let me think.

1. 생각 좀 합시다.
2. 생각 좀 하게 허락해 주십시오.
3. 생각 좀 해야겠습니다.
4. 어디 보자.
5. 생각 좀 해보자.

050

표현난이도 | ★

You look gorgeous.
멋져 보여요.

동사 look은 불완전 자동사로 바로 뒤에 형용사가 필요합니다. 그러므로 You look gorgeous.라고 하면 '우아해 보입니다, 멋져 보입니다'의 뜻이 됩니다. 친구나 동료가 오늘따라 멋진 옷을 입고 나타났을 때, 'You look gorgeous.'라고 얘기해주면 분위기가 한결 부드러워질 겁니다.

Dialogue English

Jason_
그 하얀 드레스를 입으니 **멋져 보여요.**

Julia_
고마워요.

Jason_
언제 샀어요?

Julia_
일주일 전에요.

Talk Tip 상대방이 칭찬을 해주는 경우에 가볍게 It's nice of you.라고 답하면 됩니다. 뜻은 Thank you.와 같습니다.

Pattern English

1. You look sad.
2. You look cute.
3. You look pretty tired.
4. You look sleepy.
5. You look blue.

1. 슬퍼 보입니다.
2. 귀여워 보이네요.
3. 상당히 피곤해 보입니다.
4. 졸려워 보입니다.
5. 우울해 보이네요.

Similar Expressions

1. You look awesome.
2. You look splendid.
3. You look elegant.
4. You look great.
5. How gorgeous you look!

1. 멋져 보입니다.
2. 멋져 보입니다.
3. 우아해 보입니다.
4. 훌륭해 보입니다.
5. 너무 멋져 보입니다.

041. 저는 술을 잘 못합니다. (I'm, a, drinker, not, of, much)

____ .

042. 어디 갑니까? (to, you, off, where, are)

____ ?

043. 당신 차를 사용해도 될지 모르겠어요.
(I, wondering, if, car, your, I, could, was, use)

____ .

044. 무슨 일이야? (you, what's, bugging)

____ ?

045. 속상하게 하려던 것은 아니었어요. (you, I, didn't, to, mean, upset)

____ .

046. 진심이야. (mean, I, it)

____ .

047. 너는 가야 돼. (go, you've, gotta)

____ .

048. 퇴근합시다. (a, let's, call, day, it)

____ .

049. 생각 좀 할 수 있을까요? (may, it, I, think, over, please)

____ ?

050. 멋져 보입니다. (gorgeous, look, you)

____ .

Step 6

051. **Could I speak to you?**
얘기 좀 나눌 수 있을까요?

052. **Not on your life.**
어림도 없는 소리예요!

053. **I just stop by.**
그냥 들러봤어요.

054. **It's my treat.**
제가 계산하죠.

055. **Don't phone me for a while.**
잠깐 전화하지 말아요.

056. **I just got through with my work.**
저는 막 일을 끝냈어요.

057. **It's hard to catch you.**
얼굴 좀 보고 살자.

058. **I'm a movie buff.**
저는 영화광입니다.

059. **Is that okay with you if I ask your name?**
성함을 여쭤 봐도 괜찮습니까?

060. **Have you ever considered learning Chinese?**
중국어를 좀 배우시는 게 어떻습니까?

051

Could I speak to you?

얘기 좀 나눌 수 있을까요?

길을 가다가 아는 사람을 만나게 되거나 상대에게 할 말이 있을 때 '잠깐 얘기 좀 나눌 수 있을까요?'
라고 말하게 되는데 이런 경우에 사용할 수 있는 영어 표현이 바로 Could I speak to you?입니다.

Dialogue English

Mike_
오랜만입니다.

Billy_
네, 정말 오랜만이네요.

Mike_
얘기 좀 나눌 수 있을까요?

Billy_
물론이죠.

 **Talk Tip** 친구나 동료를 오랜만에 만나게 될 때 I haven't seen you for ages. 또는 Long time, no see.라고 합니다.

Pattern English

1. Could I speak to him for a second?
2. Could I speak to you about this campaign?
3. Could I speak to your sales manager?
4. Could I speak to your father?
5. Could I speak to Mr. Kim for a few minutes?

1. 잠시 그와 얘기 좀 나눌 수 있을까요?
2. 이 캠페인에 대해 당신과 얘기 좀 나눌 수 있을까요?
3. 당신의 영업 부장님과 얘기 좀 나눌 수 있을까요?
4. 당신 아버님과 얘기 좀 나눌 수 있을까요?
5. 미스터 김과 잠깐 얘기 좀 나눌 수 있을까요?

Similar Expressions

1. May I have a word with you?
2. May I speak to you in private?
3. Can we talk?
4. Can I talk to you?
5. Can I have a little talk with you?

1. 얘기 좀 나눌 수 있을까요?
2. 조용히 얘기 좀 할 수 있을까요?
3. 얘기 좀 할 수 있을까요?
4. 얘기 좀 나눌 수 있을까요?
5. 잠시 얘기 좀 나눌 수 있을까요?

052

Not on your life!
어림도 없는 소리예요!

상대방의 세안이나 의견을 거절할 때 사용할 수 있는 표현으로, Not on your life.라고 하면 '어림도 없는 소리야. 또는 어림없는 소리 하지도 마.' 등으로 해석됩니다.

Dialogue English

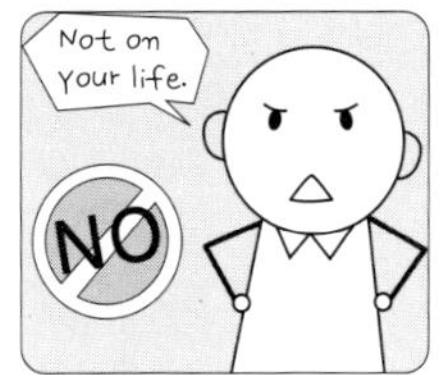

Jason_
실례합니다. 돈 좀 빌릴 수 있을까요?

Billy_
뭐라고요?

Jason_
돈 좀 빌려줄래요?

Billy_
어림도 없는 소리 마요.

Talk Tip 상대방의 말을 제대로 이해하지 못했을 때 I beg your pardon? 또는 Excuse me?라고 다시 물으면 됩니다.

Pattern English

1. Not at all.
2. Not in a million years.
3. Not this time, thanks.
4. Not too bad.
5. Not now.

1. 천만에요.
2. 절대로 안 돼요.
3. 지금은 안 돼요. 아무튼 고마워요.
4. 뭐, 괜찮아요.
5. 지금은 안 됩니다.

Similar Expressions

1. Not a chance.
2. Over my dead body.
3. Out of the question.
4. No way.
5. Forget it.

1. 절대로 안 돼.
2. 어림없는 소리 하지도 마.
3. 불가능하지.
4. 말도 안 돼.
5. 꿈 깨.

053

I just stop by.

그냥 들러봤어요.

예상치 못했던 친구가 집에 들러서 I just stop by.라고 말한다면 그냥 지나가다가 갑자기 들렀다는 뜻이 됩니다.

Dialogue English

Jason_
안녕하세요, 줄리. 이거 뜻밖이네요.

Julie_
그냥 들러봤어요.

Jason_
정말이요?

Julie_
네, 정말이에요.

Talk Tip 무언가에 기분 좋게 놀라 감탄할 때, What a pleasant surprise!라고 말하면 됩니다.

Pattern English

1. I just wanted to stop by and say hi.
2. I just wanted to make sure that you were doing OK.
3. I just got off the phone with her.
4. I just came back from my business trip.
5. I just got a call from my boss.

1. 그냥 잠깐 들러 인사하고 싶었어요.
2. 단지 잘하고 있는지 확인하고 싶었어요.
3. 방금 전에 그녀와 통화를 끝냈어요.
4. 막 출장에서 돌아왔어요.
5. 사장님으로부터 막 전화를 받았어요.

Similar Expressions

1. I just dropped by.
2. I just came by.
3. I thought I'd drop by.
4. I thought I'd come by.
5. I thought I'd stop by.

1. 그냥 잠시 들렀어.
2. 그냥 들러봤어.
3. 잠깐 들릴까 생각했어.
4. 잠깐 들릴까 생각했어.
5. 잠깐 들릴까 생각했어.

054

표현난이도 | ★

It's my treat.
제가 계산하죠.

친구나 동료들과 함께 식사 또는 술 한잔을 끝내고 난 후 보통 '제가 계산하죠, 제가 낼께요, 제가 쏠게요'라고 말을 하는 경우가 생깁니다. 이럴 때 간단하게 영어로 It's my treat.이라고 하면 됩니다.

Dialogue English

Jason_
제가 낼게요.

Billy_
아니에요, 제가 낼게요.

Jason_
제가 계산하죠.

Billy_
좋아요. 다음에는 제가 계산할게요.

Talk Tip pick up the check은 pick up the bill(tab)처럼 '계산하다'라는 뜻입니다.

Pattern English

1. It's my mistake.
2. It's my turn.
3. It's my pleasure.
4. It's my fault.
5. It's my life.

1. 제 실수예요.
2. 제 차례인데요.
3. 오히려 제가 영광이죠.
4. 제 실수입니다.
5. 제 삶이거든요.

Similar Expressions

1. This is my treat.
2. It's on me.
3. I'll pick up the bill.
4. I'll pick up the tab.
5. I'll take care of the bill.

1. 이것은 제가 살게요.
2. 제가 계산하죠.
3. 제가 계산하죠.
4. 제가 계산하죠.
5. 제가 계산할게요.

055

Don't phone me for a while.

잠깐 전화하지 말아요.

동사로 사용된 phone은 '전화하다'라는 뜻으로 call, ring, buzz를 사용해도 상관없습니다. 그래서 I will ring[call, buzz] you tonight.이라고 말을 하게 되면 '오늘밤 전화 할게요.'라는 뜻이 됩니다.

Dialogue English

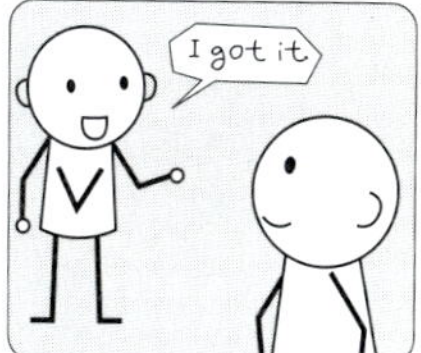

Tom_
잠깐 전화하지 마.

Billy_
왜?

Tom_
시험 준비해야 하거든.

Billy_
알았어.

Talk Tip 상대방의 의도나 생각을 이해했을 경우 I got it.이라고 짧게 대답하면 됩니다.

Pattern English

1. Don't be late.
2. Don't make that mistake again.
3. Don't worry about it.
4. Don't say goodbye to him.
5. Don't do it again.

1. 늦지 말아요.
2. 다시는 그 실수 하지 마요.
3. 걱정하지 마요.
4. 그에게 작별 인사를 하지 마요.
5. 다시는 그런 짓 하지 마요.

Similar Expressions

1. Don't call me for a while.
2. Don't buzz me for a while.
3. Don't give me a ring for a while.
4. Don't give me a call for a while.
5. Don't give me a buzz for a while.

1. 잠깐 나에게 전화하지 마.
2. 잠깐 나에게 전화하지 마.
3. 잠깐 나에게 전화하지 마.
4. 잠깐 나에게 전화하지 마.
5. 잠깐 나에게 전화하지 마.

056

I just got through with my work.
저는 막 일을 끝냈어요.

영어 표현 중에 get through with라고 하면 '~을 끝마치다(finish)'의 뜻인데 영·미인들이 자주 사용하는 표현입니다. 그러므로 I just got through with my work.라고 하면 '저는 막 제 일을 끝냈습니다.'의 뜻이 됩니다.

Dialogue English

Jason_
일을 끝냈습니까?

Billy_
네, **저는 막 일을 끝냈어요.**

Jason_
그러면, 이제 무엇을 할 계획입니까?

Billy_
확실히 모르겠습니다.

Talk Tip 확실하게 모르는 경우 I don't know for sure.라고 표현합니다.

Pattern English

1. I just got through with my homework.
2. I just got through with my assignment.
3. I just got through with my journey.
4. I just got through with my meal.
5. I just got through with my class.

1. 저는 막 숙제를 끝냈습니다.
2. 저는 막 숙제를 끝냈습니다.
3. 저는 여행을 막 끝마쳤습니다.
4. 저는 막 음식을 다 먹었습니다.
5. 저는 수업을 막 마쳤습니다.

Similar Expressions

1. I just completed my work.
2. I just finished my work.
3. I got done with my work.
4. I'm done with my work.
5. I think that my work here is done.

1. 막 일을 끝냈습니다.
2. 막 일을 끝냈습니다.
3. 제 일을 끝냈습니다.
4. 일을 끝냈어요.
5. 여기서의 내 일은 다 끝난 것 같아요.

05**7**

It's hard to catch you.

얼굴 좀 보고 살자.

오랜만에 만난 친구에게 '야! 얼굴 좀 보고 살자.'라고 말하고 싶을 때 'Hey, it's hard to catch you.'라고 하면 됩니다. 동사 catch는 '붙잡다' 외에 '만나다'의 의미로 쓰이는데, 헤어질 때 하는 인사 가운데 Catch you later.(나중에 보자.)가 이에 해당됩니다.

Dialogue English

Jason_

이봐, **얼굴 좀 보고 살자.**

Jane_

오랜만이야!

Jason_

전혀 변하지 않았네. 여전히 건강해 보여.

Jane_

고마워.

(Talk Tip) 영어로 You're in good shape.이라고 하면 '건강해 보여, 컨디션이 좋아 보여'라는 의미입니다.

Pattern English

1. It's hard to get in touch with you.
2. It's hard to see him again.
3. It's hard to lose weight.
4. It's hard to be on a diet.
5. It's hard to stop drinking.

1. 당신과 연락하기가 힘드네요.
2. 그를 다시 보기가 힘드네요.
3. 살을 빼기가 힘드네요.
4. 다이어트를 하기가 힘드네요.
5. 술을 끊기가 힘드네요.

Similar Expressions

1. It's been a while.
2. It's been a long time since I saw you last.
3. It's been quite a while.
4. I haven't seen you for ages.
5. You're quite a stranger.

1. 꽤 오랜만이군.
2. 참 오랜만입니다.
3. 정말 오랜만입니다.
4. 오랜만이야.
5. 꽤 오랜만이군.

058

I'm a movie buff.

저는 영화광입니다.

우리말 '광'에 해당되는 영어 단어가 바로 buff입니다. 영어 단어 fan은 '그냥 좋아하는 수준' 정도를 나타내지만 buff는 '그 분야에 대한 상당한 지식과 식견을 가지고 좋아하는 것'을 말합니다.

ⓓialogue English

Yuna_
오늘밤 계획이 어떻게 돼요?

Billy_
극장에 가려고요.

Yuna_
영화 보는 것 좋아하세요?

Billy_
좋아하냐고요? 영화 보는 것을 정말 좋아합니다.
제 말은, **저는 영화광입니다.**

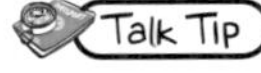 **Talk Tip**) '영화를 보다'를 영어로 표현하면 watch a movie, hit the movie, catch a movie, see a movie라고 합니다.

ⓟattern English

1. I am a computer buff.
2. I am a pop song buff.
3. I am literary buff.
4. I am a soccer buff.
5. I am a soap opera buff.

1. 저는 컴퓨터광입니다.
2. 저는 팝송광입니다.
3. 저는 책벌레입니다.
4. 전 축구광입니다.
5. 저는 드라마광이죠.

ⓢimilar Expressions

1. I love movies a lot.
2. My favorite thing is watching movies.
3. I'm crazy about movies.
4. I really love to watch movies.
5. I like movies so much.

1. 저는 영화를 정말 사랑합니다.
2. 제일 좋아하는 것이 영화를 보는 겁니다.
3. 저는 영화에 폭 빠졌습니다.
4. 저는 영화 보는 것을 매우 좋아합니다.
5. 저는 영화를 아주 많이 좋아합니다.

059

표현난이도 | ★

Is that okay with you if I ask your name? 성함을 여쭤 봐도 괜찮습니까?

상대방의 이름을 알고 싶을 때 간단하게 What's your name?이라고 할 수도 있지만 상황에 따라서 이 표현은 가볍게 들릴 수도 있습니다. 그럴 때 더 공손하게 Is that okay with you if I ask your name?이라고 묻는 것이 좋습니다.

Dialogue English

Julie_

성함을 여쭤 봐도 괜찮습니까?

James_

물론이죠. 제 이름은 제임스 딘입니다. 당신은요?

Julie_

'줄리'라고 해요.

James_

만나서 반갑습니다.

Talk Tip 영어로 간단하게 Please call me ~라고 하면 '저를 ~라고 부르세요.'의 뜻이 됩니다. 사용 빈도 수가 높은 표현입니다.

Pattern English

1. Is it okay with you if I watch your TV?
2. Is it okay with you if I borrow a dollar?
3. Is it okay with you if I make the bed for you?
4. Is it okay with you if I treat you to dinner tonight?
5. Is it okay with you if I go home?

1. 제가 TV를 시청해도 괜찮겠습니까?
2. 제가 1달러 빌려도 괜찮겠습니까?
3. 제가 당신을 위해 잠자리를 준비해도 괜찮나요?
4. 제가 오늘밤 저녁을 사 드려도 괜찮겠습니까?
5. 제가 집에 가도 괜찮겠습니까?

Similar Expressions

1. May I ask your name?
2. May I have your name?
3. How should I address you?
4. Do you mind if I ask your name?
5. Could you possibly tell me your name?

1. 이름을 여쭈어 봐도 될까요?
2. 성함을 여쭈어 봐도 될까요?
3. 당신을 뭐라고 부를까요?
4. 이름을 물어봐도 괜찮습니까?
5. 존함을 말씀해 주시겠습니까?

06**0**

표현난이도 | ★

Have you ever considered learning Chinese?

중국어를 좀 배우시는 게 어떻습니까?

「Have you ever considered ~ing?」라는 패턴의 표현은 상대방에게 제안하고 싶은 것이 있을 때 조금 격식을 갖춰 나타내는 방법입니다.

Dialogue English

Jason_
몇 가지의 외국어를 구사할 수 있나요?

Billy_
저는 일본어를 조금 할 수 있습니다.

Jason_
중국어를 좀 배우시는 게 어떨까요?

Billy_
글쎄요. 생각 좀 해 봐야겠어요.

 **Talk Tip** 대화 중에 나온 「I can speak+언어+a little.」의 패턴을 활용해서 다른 문장들을 만들어 보세요.

Pattern English

1. Have you ever considered learning Japanese?
2. Have you ever considered driving?
3. Have you ever considered going abroad?
4. Have you ever considered meeting her?
5. Have you ever considered seeing them off?

1. 일본어를 배워 보시는 게 어떻습니까?
2. 차를 운전해 보시는 게 어떨까요?
3. 해외에 가시는 게 어떻겠습니까?
4. 그녀를 만나는 게 어떻겠습니까?
5. 그들을 배웅하는 게 어떨까요?

Similar Expressions

1. Let's learn Chinese, shall we?
2. Why don't you learn Chinese?
3. Have you ever thought about learning Chinese?
4. How about learning Chinese?
5. What do you say to learning Chinese?

1. 중국어를 배웁시다.
2. 중국어를 배우는 게 어때요?
3. 중국어를 배워 보시는 게 어떻습니까?
4. 중국어를 배워 보는 게 어때요?
5. 중국어를 배워 보시죠?

Let's take a **Review**

051. 애기 좀 나눌 수 있을까요? (you, could, speak, I, to)

____?

052. 어림도 없는 소리예요. (on, life, not, your)

____.

053. 그냥 들러봤어요. (I, by, just, stop)

____.

054. 제가 계산하죠. (it's, treat, my)

____.

055. 잠깐 전화하지 마. (don't, a, for, phone, while, me)

____.

056. 저는 막 일을 끝냈어요. (my, work, I, with, just, through, got)

____.

007. 얼굴 좀 보고 살자. (it's, you, catch, to, hard)

____.

058. 저는 영화광입니다. (buff, a, I'm, movie)

____.

059. 성함을 여쭤 봐도 괜찮습니까?
(is, with, you, ask, name, your, if, I, that, okay)

____?

060. 중국어를 좀 배우시는 게 어떻습니까?
(Chinese, have, considered, you, ever, learning)

____?

061. **I was born and grew up in Seoul.**
저는 서울에서 태어나고 자랐습니다.

062. **I get butterflies in my stomach on stage.**
저는 무대 공포증이 있어요.

063. **Have you ever thought about giving up smoking?**
금연하는 거 생각해 보셨나요?

064. **I'm music-minded.**
저는 음악이 인생의 전부입니다.

065. **Do you think I should believe you?**
당신을 믿어야 한다고 생각합니까?

066. **Would you be willing to study abroad?**
외국에서 공부할 의향은 있나요?

067. **Would you be so kind to tell Mr. Kim I'm here?**
제가 왔다고 미스터 김에게 전해주시겠습니까?

068. **Weren't you tipped off about this meeting?**
이 모임에 대해서 정보를 듣지 못했나요?

069. **How could they possibly know that you're home?**
당신이 집에 있는지 그들이 어떻게 알죠?

070. **I couldn't help but pay for it.**
어쩔 수 없이 내가 계산했어요.

061

표현난이도 | ★ ★

I was born and grew up in Seoul.

저는 서울에서 태어나고 자랐습니다.

영어회화 시간에 Where are you from?으로 질문을 하면 거의 대부분의 학생들이 I'm from ~이라고 대답을 합니다. 이럴 때 I was born and grew up in Seoul.(저는 서울에서 태어나서 자랐습니다.)라고 대답하면 조금 더 세련된 표현이 됩니다.

Dialogue English

Jason_
실례합니다만, 어디 출신입니까?

Billy_
저는 부산 출신입니다.

Jason_
뭐라고 하셨죠?

Billy_
저는 부산에서 태어나서 자랐습니다.

(Talk Tip) 상대방의 얘기를 제대로 이해 못했을 때 간단하게 Excuse me? 또는 I beg your pardon?을 활용하면 됩니다.

Pattern English

1. I was born and grew up in New York.
2. I was born and raised in Daegu.
3. I was born and raised in a small town called Icheon.
4. I was born in Jeju but grew up in Seoul.
5. I was born in Japan but raised in Korea.

1. 뉴욕에서 태어나서 자랐습니다.
2. 대구에서 태어나서 자랐습니다.
3. 이천이라는 작은 도시에서 태어나고 자랐습니다.
4. 제주에서 태어났지만 서울에서 자랐어요.
5. 일본에서 태어났지만 한국에서 자랐어요.

062

표현난이도 ★ ★

I get butterflies in my stomach on stage.

저는 무대 공포증이 있어요.

'나는 ~에 대해 공포증을 갖고 있다.'를 영어로 표현하면 I get butterflies in my stomach. 또는 I get ants in my pants.라고 합니다. 만약 '뱃속에 나비가 들어있다'라고 생각을 하면 다소 거북스럽거나 불안함이 느껴질 수 있다는 상황을 떠올리며 표현을 익혀보세요.

Dialogue English

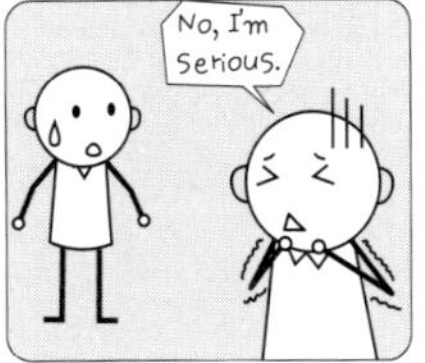

Michael_
걱정이 있어 보입니다. 무슨 일입니까?

Billy_
저는 무대 공포증이 있어요.

Michael_
농담하는 거죠?

Billy_
아니오, 진짜예요.

Talk Tip 우리말에 '농담이시죠?'에 해당되는 영어 표현으로 Are you kidding[joking]? 또는 Are you pulling my leg? 등이 있습니다.

Pattern English

1. I get butterflies in my stomach whenever I have a job interview.
2. I get butterflies in my stomach whenever I have a date with her.
3. I get butterflies in my stomach whenever I have an English conversation class.
4. I get butterflies in my stomach whenever I make a speech.
5. I get butterflies in my stomach whenever I go abroad.

1. 저는 면접을 볼 때마다 떨립니다.
2. 저는 그녀와 데이트를 할 때마다 떨립니다.
3. 저는 영어회화 수업을 들을 때마다 떨립니다.

4. 저는 연설을 할 때마다 떨립니다.
5. 저는 해외에 갈 때마다 떨립니다.

063

Have you ever thought about giving up smoking?

금연하는 거 생각해 보셨어요?

일상생활 속에서 자주 사용하는 표현으로 「Have you ever thought about ~ing?」가 있는데 '~을(를) 생각해 본 적이 있습니까? 또는 ~을(를) 생각해 보셨나요?'라는 의미로 다양한 상황에 응용하여 사용할 수 있는 표현입니다.

Dialogue English

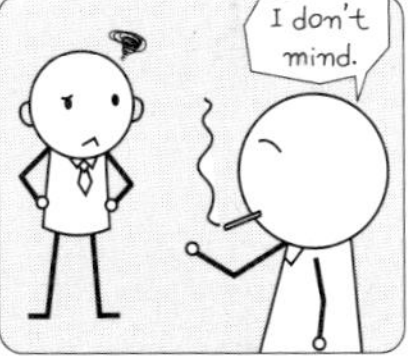

Jason_

금연하는 거 생각해 봤어요?

Billy_

생각 안 해봤습니다. 저는 담배 필 권리가 있습니다.

Jason_

하지만 흡연은 당신 건강에 상당히 해로운 것 같아요.

Billy_

상관없습니다.

 **Talk Tip**) I don't mind.는 우리말로 '상관 없습니다'라는 뜻으로 I don't care. 또는 It's not important. 등도 같은 의미입니다.

Pattern English

1. Have you ever thought about learning Korean?
2. Have you ever thought about giving up drinking?
3. Have you ever thought about moving?
4. Have you ever thought about working in Japan?
5. Have you ever thought about your future?

1. 한국말을 배우는 거에 대해 생각해 봤어요?
2. 술 끊는 거 생각해 봤어요?
3. 이사하는 건 어떻습니까?
4. 일본에서 근무하는 것에 대해 생각해 봤어요?
5. 당신 미래에 대해 생각해 봤어요?

064

I'm music-minded.

저는 음악이 인생의 전부입니다.

우리말에 '~는(은) 저의 전부입니다, 제 인생의 전부입니다'가 있는데 이럴 경우에 영어로는 ~minded라고 합니다. 다시 말해서 '~에 몰두하고 있다'라는 뜻으로 24시간 동안 오로지 한 가지만 생각하는 사람을 빗대어서 말하는 표현입니다.

Dialogue English

Jason_
음악 듣는 것을 좋아하세요?

Billy_
물론이죠. **저는 음악이 인생의 전부입니다.** 당신은요?

Jason_
글쎄요, 음악하고는 거리가 멀어요.

Billy_
유감입니다.

Talk Tip 'A와(과)는 거리가 멀다'를 영어로 표현하고 싶다면 간단하게 「A isn't my thing.」이라고 하면 됩니다.

Pattern English

1. I'm English-minded. That's because I like it a lot.
2. I'm Chinese-minded. That's why I try to watch Chinese movies.
3. I'm movie-minded. I mean I'm a movie buff.
4. I'm computer-minded. Actually, I can't live without my computer.
5. I'm money-minded. To tell the truth, money means everything to me.

1. 영어공부가 인생의 전부입니다. 영어를 너무 좋아하기 때문이죠.
2. 중국어만 생각해요. 그래서 중국 영화들을 보려고 해요.
3. 영화가 인생의 전부예요. 제 말은, 영화광이거든요.
4. 컴퓨터가 인생의 전부예요. 사실, 컴퓨터 없이는 못살아요.
5. 돈만 생각해요. 사실, 돈이 저에게는 전부입니다.

065

Do you think I should believe you?

당신을 믿어야 한다고 생각합니까?

「Do you think+주어+동사 ~ ?」는 '~라고 생각합니까?'라는 표현으로 다양하게 활용하여 사용할 수 있습니다. think 대신에 문어체에서는 reckon을 쓰기도 합니다.

Dialogue English

Jason_

오늘 저녁에 제 공연이 있어요.

Billy_

당신을 믿어야 한다고 생각합니까?

Jason_

물론이죠. 오셔서 제 공연을 구경하시죠?

Billy_

좋은 생각입니다.

 **Talk Tip** 제안의 표현으로 가장 많이 사용되는 패턴이 바로 「Why don't you + 동사?」이고, 시험에서도 자주 등장합니다.

Pattern English

1. Do you think I should do my best to finish my project?
2. Do you think I should get some fresh air now?
3. Do you think I should stop drinking?
4. Do you think I should learn Chinese?
5. Do you think I should buy a birthday present?

1. 프로젝트를 끝내기 위해서는 최선을 다해야 한다고 생각합니까?
2. 지금 제가 바람 쐬어야 한다고 생각하나요?
3. 제가 술을 끊어야 한다고 생각합니까?
4. 제가 중국어를 배워야 한다고 생각해요?
5. 제가 생일 선물을 구입해야 한다고 생각하는 건가요?

06**6**

표현난이도 | ★★

Would you be willing to study abroad?

외국에서 공부할 의향은 있나요?

영어로 Would you be willing to study abroad?라고 하면 '외국에서 공부할 의향은 있나요?'의 뜻이 됩니다. 여기서 동사만 바꾸면 얼마든지 '~할 의향이 있나요'라는 의미의 다른 문장들을 만들 수 있습니다.

Dialogue English

Jason_

외국에서 공부할 의향이 있나요?

Billy_

네, 저는 나중에 더 나은 직업을 얻기 위해서 외국에서 공부하고 싶어요.

Jason_

어디서 공부를 하고 싶으신가요?

Billy_

저는 뉴욕에서 영어 공부를 하고 싶습니다.

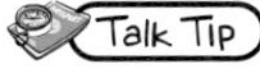 Talk Tip 「be eager to + 동사」의 패턴은 '~하기를 갈망[열망]하다'라는 의미입니다.

Pattern English

1. Would you be willing to make a donation?
2. Would you be willing to host a conference?
3. Would you be willing to help me finish my report?
4. Would you be willing to travel with me around the world?
5. Would you be willing to go abroad?

1. 기부할 생각은 있으세요?
2. 회의를 주체할 생각은 있으신지요?
3. 제가 보고서를 끝내도록 도울 생각은 있으세요?
4. 저와 함께 전 세계를 여행할 의향은 있습니까?
5. 해외로 갈 의향은 있나요?

067

Would you be so kind to tell Mr. Kim I'm here?

제가 왔다고 미스터 김에게 전해주시겠습니까?

영어에도 우리말처럼 존칭 표현이 따로 있는데 정중하게 상대방에게 말을 건네고 싶을 때 「Would you be so kind to+동사~?」의 영어 패턴을 사용하면 됩니다. 뜻은 '~을 해 주시겠습니까?'이고 비슷한 표현인 Would you please ~?도 자주 사용됩니다.

Dialogue English

Secretary_
실례하지만 무엇을 도와 드릴까요?

Billy_
제가 왔다고 미스터 김에게 전해주시겠습니까?

Secretary_
알았습니다. 당장 그렇게 할게요.

Billy_
고맙습니다.

Talk Tip 대화 중에 나온 What can I do for you?는 일상생활 속에서 많이 사용되는 표현입니다.

Pattern English

1. Would you be so kind to give me a call?
2. Would you be so kind to give me a hand?
3. Would you please walk me home?
4. Would you please tell me your age?
5. Would you please help me with my project?

1. 저에게 전화해 주시겠습니까?
2. 저를 도와주시겠습니까?
3. 저를 집까지 바래다주시겠어요?
4. 연세를 말씀해 주시겠습니까?
5. 제 프로젝트를 도와주시겠습니까?

068

Weren't you tipped off about this meeting?

이 모임에 대해서 정보를 듣지 못했나요?

영어로 tip-off는 '경고(warning), 암시(hint)'의 뜻을 가지고 있습니다. 그래서 위의 표현을 해석하면 '이 모임에 대한 정보[귀띔]를 듣지 못했나요?'가 됩니다.

Dialogue English

Jason_
피터, 조금 늦었군요.

Peter_
정말 미안합니다.

Jason_
이 모임에 대해서 정보를 듣지 못했나요?

Peter_
사실, 아무도 저에게 얘기를 해주지 않았습니다.

Talk Tip 우리말로 '정말 미안합니다'라는 표현은 영어로 I'm awfully[terribly] sorry.라고 하면 됩니다.

Pattern English

1. Weren't you tipped off about this project?
2. Weren't you tipped off about her marriage?
3. Weren't you tipped off about that event?
4. Weren't you tipped off about our annual meeting?
5. Weren't you tipped off about his new assignment?

1. 이 프로젝트에 대한 정보를 듣지 못했나요?
2. 그녀 결혼에 대한 정보를 듣지 못했나요?
3. 저 행사에 대한 정보를 듣지 못했나요?
4. 우리 연례 모임에 대한 정보를 못 들었어요?
5. 그의 새로운 업무에 대한 정보를 못 들었어요?

069

How could they possibly know that you're home?

당신이 집에 있는지 그들이 어떻게 알죠?

「How could + 주어 + possibly know that ～?」의 기본 문형을 응용해서 다양한 문장을 만들면 됩니다. '주어가 that 이하를 어떻게 알죠?'의 의미입니다.

Dialogue English

Mina_

실례합니다만 **당신이 집에 있는지 그들이 어떻게 알죠?**

Billy_

사실은 온종일 집에 있을 거라고 얘기했어요.

Mina_

정말이에요?

Billy_

네, 사실입니다.

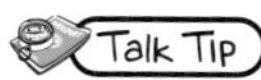

(Talk Tip) '사실은'에 해당되는 영어 표현으로는 As a matter of fact, Indeed, In fact 등이 있습니다.

Pattern English

1. How could I possibly know that he's a little sick?
2. How could I possibly know that he's just a kid?
3. How could I possibly know that he's business-minded?
4. How could I possibly know that she's a moviegoer?
5. How could I possibly know that she's angry?

1. 그가 약간 아프다는 것을 어떻게 알 수가 있죠?
2. 그는 단지 어린이에 불과하다는 것을 어떻게 알죠?
3. 그가 일벌레라는 것을 어떻게 알 수가 있죠?
4. 그녀가 영화광이라는 것을 어떻게 알 수가 있죠?
5. 그녀가 화났다는 것을 어떻게 알 수가 있죠?

070

I couldn't help but pay for it.

어쩔 수 없이 내가 계산했어요.

영어로 「I couldn't help but + 동사」는 '어쩔 수 없이 ~하게 되었습니다'라는 뜻으로 동사 자리에 다양한 의미의 어휘를 대체하면 다양하게 활용할 수 있습니다.

Dialogue English

Wife_
짐, 이 영수증이 뭐죠? 400달러나! 지난밤 모든 사람에게 술을 샀나요?

Husband_
미안해요, 여보! 최근에 내가 승진했잖아요.

Wife_
그래서 그곳에 있던 모든 사람들이 당신이 한턱 낼 거라고 기대했나요?

Husband_
맞아요. **어쩔 수 없이 계산했어요.**

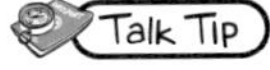

(Talk Tip) '승진하다'를 영어로 간단하게 get a promotion, get promoted라고 표현합니다.

Pattern English

1. I couldn't help but overhear.
2. I couldn't help but oversleep.
3. I couldn't help but overeat this morning.
4. I couldn't help but call you at midnight.
5. I couldn't help but yawn in the middle of a meeting.

1. 어쩔 수 없이 엿듣게 되었습니다.
2. 어쩔 수 없이 늦잠자게 되었네요.
3. 오늘 아침 어쩔 수 없이 과식했어요.
4. 어쩔 수 없이 자정에 전화하게 되었습니다.
5. 어쩔 수 없이 회의 중에 하품을 했습니다.

061. 저는 서울에서 태어나서 자랐습니다.
(I, Seoul, in, born, and, was, up, grew)

____.

062. 저는 무대 공포증이 있습니다.
(I, butterfiles, on, in, stage, get, stomach, my)

____.

063. 금연하는 거 생각해 보셨나요?
(have, smoking, you, about, ever, giving, thought, up)

____?

064. 저는 음악이 인생의 전부입니다. (am, I, minded, music)

____.

065. 당신을 믿어야 한다고 생각합니까?
(you, do, you, I, should, think, believe)

____?

066. 외국에서 공부할 의향은 있나요?
(would, abroad, willing, you, study, to, be)

____?

067. 제가 왔다고 미스터 김에게 전해주시겠습니까?
(Mr.Kim, I'm, so, kind, tell, be, would, here, you, to)

____?

068. 이 모임에 대해서 정보를 듣지 못했나요?
(weren't, this, meeting, off, you, about, tipped)

____?

069. 당신이 집에 있는지 그들이 어떻게 알죠?
(home, how, you, that, are, know, they, possibly, could)

____?

070. 어쩔 수 없이 제가 계산했습니다. (I, pay, for, but, couldn't, help, it)

____.

Step 8

071. **Have you even thought about our talk?**
우리 얘기에 대해서 생각해 봤습니까?

072. **I just got off the phone with him.**
그와 방금 전에 동화했어요.

073. **If there's anything you want me to do,
please let me know.**
제가 할 게 있으면 알려주세요.

074. **I'm the last man to tell a lie.**
저는 절대로 거짓말을 안 해요.

075. **Could you possibly tell me your name?**
성함을 말씀해 주시겠습니까?

076. **I'm on pins and needles.**
저는 안절부절 못하고 있습니다.

077. **I don't get enough of her music.**
그녀의 음악은 아무리 들어도 지겹지 않습니다.

078. **Raw fish is at its best at this time of year.**
회는 일 년 중에 지금이 가장 맛있을 때입니다.

079. **I still have trouble expressing myself in English.**
영어로 자신을 표현하기가 아직도 어려워요.

080. **Let's discuss the matter over the bottle.**
술 한잔하면서 얘기하죠.

07

Have you even thought about our talk?

우리 얘기에 대해서 생각해 봤습니까?

'～에 대해서 생각해 봤습니까?'를 영어로 표현하면 「Have you even thought about + 명사/동명사?」의 패턴이 됩니다.

Dialogue English

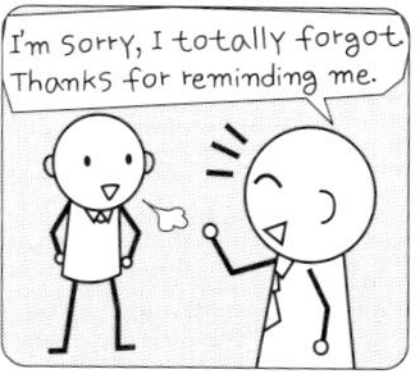

Jason_

안녕, 지미. **우리 얘기에 대해서 생각해 봤습니까?**

Jimmy_

무슨 말 하는 거죠?

Jason_

지난밤 우리의 새로운 프로젝트에 대해서 얘기했잖아요, 아닌가요?

Jimmy_

미안해요, 깜박했어요. 알려줘서 고마워요.

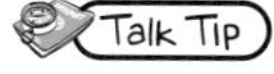 **Talk Tip** 영어로 I totally forgot.과 비슷한 표현으로 It has slipped my mind.가 있습니다.

Pattern English

1. Have you even thought about your future?
2. Have you even thought about your promotion?
3. Have you even thought about buying your winter coat?
4. Have you even thought about his suggestion?
5. Have you even thought about her new advertising strategy?

1. 미래에 대해 생각해 봤습니까?
2. 승진에 대해서 생각해 봤나요?
3. 겨울 방한복 구입에 대해서 생각이나 해봤습니까?

4. 그의 제안에 대해서 생각해 봤습니까?
5. 그녀의 새로운 광고 전략에 대해서 생각해 봤나요?

072

I just got off the phone with him. 그와 방금 전에 통화했어요.

get off에는 '손을 떼다' 또는 '그만두다'의 의미가 있습니다. 그래서 get off the phone이 '전화기에서 손을 떼다, 전화를 그만두다'라는 의미이므로 '~와(과) 방금 전에 통화 끝냈다, ~와(과) 방금 통화를 마쳤다.'는 I just got off the phone with~로 표현할 수 있습니다.

Dialogue English

Jason_
토니가 전화했습니까?

Billy_
네, **그와 방금 전에 통화했어요.**

Jason_
그가 뭐라고 그래요?

Billy_
아파서 출근 못하겠다고 전화했던 거예요.

Talk Tip call in sick은 '전화로 병가를 내다'라는 뜻입니다.

Pattern English

1. I just got off the phone with my boss.
2. I just got off the phone with my younger brother living in Japan.
3. I just got off the phone with my husband's manager.
4. I just got off the phone with Julie. She told me she picked up a cold.
5. I just got off the phone with Robert working as a consultant.

1. 사장님과 방금 전에 전화 통화를 끝냈어요.
2. 일본에 살고 있는 남동생과 방금 전에 전화 통화했어요.
3. 제 남편 매니저와 방금 통화하고 끊었어요.
4. 줄리와 방금 전에 통화를 끝냈는데 감기 걸렸대요.
5. 컨설턴트로 근무하고 있는 로버트와 방금 전에 통화를 끝냈습니다.

073

If there's anything you want me to do, please let me know.

제가 할 게 있으면 알려주세요.

상대방에게 정중하게 의견을 묻고 싶을 때 사용할 수 있는 표현으로 「want me to + 동사」의 패턴 속에 다양한 의미의 동사를 넣어 활용하면 좋습니다.

Dialogue English

Jason_

안녕하세요, 토니. 오늘 기분이 어때요?

Tony_

좋습니다. 당신은요?

Jason_

좋아요. 그런데요, **제가 할 게 있으면 알려주세요.**

Tony_

알겠습니다.

Talk Tip 기본 인사표현으로 사용되는 How are you doing? 대신에 What's new? 또는 What's up? 등을 쓸 수 있습니다.

Pattern English

1. If there's anything you want me to prepare for you, please let me know.
2. If there's anything you want me to receive from your sister, please let me know.
3. If there's anything you want me to fix, please let me know.
4. If there's anything you want me to do for you, please let me know.
5. If there's anything you want me to deliver to your manager, please let me know.

1. 제가 당신을 위해 준비할 게 있으면 알려주세요.
2. 제가 당신 여동생에게 받을 게 있으면 알려주세요.
3. 제가 고칠 게 있으면 알려주세요.
4. 제가 당신을 위해 할 일이 있으면 알려주세요.
5. 제가 당신 매니저에게 전달할 게 있으면 알려주세요.

074

표현난이도 | ★★

I'm the last man to tell a lie.

저는 절대로 거짓말을 안 해요.

직역을 하면 '저는 거짓말을 하는 마지막 사람입니다.'가 되는데 이는 절대로 거짓말을 하지 않는 사람이라는 의미가 됩니다.

Dialogue English

Jason_

제인, 당신을 너무 사랑해요.

Jane_

농담하는 거죠?

Jason_

아니에요. **저는 절대로 거짓말을 안 해요.**

Jane_

당신 말을 못 믿겠어요.

Talk Tip) Are you kidding me?는 Are you joking me?처럼 '농담하세요?'의 뜻입니다.

Pattern English

1. I'm the last man to go for a swim.
2. I'm the last man to marry her.
3. I'm the last man to go jogging.
4. I'm the last man to tell you the truth.
5. I'm the last man to live alone.

1. 저는 절대로 수영하러 안 갑니다.
2. 저는 절대로 그녀와 결혼은 안 합니다.
3. 저는 절대로 조깅을 안 합니다.
4. 저는 절대로 당신에게 진실을 얘기 안 해요.
5. 저는 절대로 혼자 안 살아요.

075

표현난이도 | ★ ★

Could you possibly tell me your name?

성함을 말씀해 주시겠습니까?

영어로 What's your name?은 누구나 아는 흔한 표현입니다. 상황에 따라서 격식을 갖추어 표현하고 싶다면 Could you possibly tell me your name?이라고 하면 좋습니다. 이름뿐 아니라 다른 것을 말해달라고 공손히 요청하는 경우 사용할 수 있는 표현입니다.

Dialogue English

Sora_
실례하지만, **성함을 말씀해 주시겠습니까?**

Jimmy_
지미라고 부르세요.

Sora_
만나서 반가워요.

Jimmy_
저 역시 만나서 반갑습니다.

 **Talk Tip** Nice to meet you.는 처음 만난 상대방에게 건네는 인사이고 Nice meeting you.는 만나서 반가웠다는 의미로 헤어질 때 하는 인사입니다.

Pattern English

1. Could you possibly tell me your phone number?
2. Could you possibly tell me your age?
3. Could you possibly tell me your new address?
4. Could you possibly tell me about your new project?
5. Could you possibly tell me about yourself for a moment?

1. 당신 전화번호를 가르쳐 주실래요?
2. 연세가 어떻게 되십니까?
3. 새 주소가 어떻게 되십니까?

4. 새 계획에 대해 말씀해 주시겠어요?
5. 잠깐 자신에 대해서 말씀해 주시겠어요?

076

I'm on pins and needles.

저는 안절부절 못하고 있습니다.

1970년대 중반에 영국출신의 밴드로 Smokie가 있었는데 그들 앨범 중에 *Pins and Needles*라는 노래가 있습니다. 보통 '초조하다, 안절부절 못하다'라고 할 때 영어로 have got butterflies in one's stomach라고 하거나 또는 be on pins and needles라고 합니다.

Dialogue English

Jason_

무슨 일이에요? 걱정스러워 보여요.

Billy_

안절부절 못하겠어요.

Jason_

혹시 면접같은 거라도 있나요?

Billy_

네, 토요일에 면접이 있어요.

Talk Tip 동사 look은 뒤에 형용사 또는 분사가 오며 '(형용사/분사)하게 보인다'라는 뜻이 됩니다.

Pattern English

1. Mr. Park is on pins and needles.
2. Mr. Kim is on pins and needles.
3. My wife and I were on pins and needles.
4. Mr. Han's got butterflies in his stomach.
5. My father's got butterflies in his stomach.

1. 박 군은 안절부절 못합니다.
2. 김 군은 안절부절 못합니다.
3. 와이프와 나는 안절부절 못했다.
4. 한 군은 안절부절 못합니다.
5. 아버지께서 안절부절 못합니다.

077

I don't get enough of her music.

그녀의 음악은 아무리 들어도 지겹지 않습니다.

「don't get enough of + 명사」는 '~는 아무래도 질리지 않는다'는 표현으로 아직 충분히 가지지 못했다는 어휘 그대로의 뜻을 잘 생각해 보면 '질리지 않는다'는 의미를 유추할 수 있습니다.

Dialogue English

Jason_
가장 좋아하는 팝 가수가 누구죠?

Billy_
셀린 디온을 좋아합니다. **그녀의 음악은 아무리 들어도 지겹지 않습니다.**

Jason_
왜 그렇죠?

Billy_
그녀는 대단한 가수인 것 같아요.

 **Talk Tip** What makes you say that?(왜 그런가요?)이라는 표현을 꼭 기억해 둡시다!

Pattern English

1. I don't get enought of drinking coffee everyday.
2. I don't get enough of this lecture.
3. I don't get enought of reading a book.
4. I don't get enought of watching TV.
5. I don't get enought of stuying English with him.

1. 매일 커피를 마셔도 질리지 않아요.
2. 이 강의는 질리지도 않아요.
3. 독서는 지겹지 않아요.
4. 텔레비전은 보면 볼수록 재미있어요.
5. 그와 함께 하는 영어 공부는 지겹지 않는걸요.

078

Raw fish is at its best at this time of year.

회는 일 년 중에 지금이 가장 맛있을 때입니다.

'지금 ~가 제철을 만났다, ~은(는) 일 년 중에 지금이 가장 좋은 때이다'를 영어로 표현하면 be at its best at this time of year가 됩니다.

ⓓ Dialogue English

Jason_
실례합니다만, 고향이 어디죠?

Billy_
부산입니다.

Jason_
부산은 무엇이 유명하죠?

Billy_
일 년 중에 지금이 회가 가장 맛있을 때입니다.

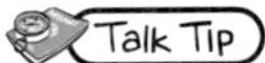

(Talk Tip) 숙어로 be famous for라고 하면 '~로 유명하다'의 뜻으로 비슷한 표현으로 be notable for가 있습니다.

ⓟ Pattern English

1. I think that the Sorak mountain is at its best at this time of year.
2. I heard that the jeju island is at its best at this time of year.
3. Water melon is at its best at this time of year.
4. The sightseeing in Busan is at its best at this time of year.
5. Shopping is at its best at this time of year.

1. 설악산은 일 년 중 지금이 가장 좋은 시기입니다.
2. 제주도는 일 년 중 지금이 가장 좋은 때라고 들었습니다.
3. 수박은 일 년 중 지금이 가장 제철입니다.
4. 일 년 중 지금이 부산에서 관광하기 제일 좋은 때입니다.
5. 쇼핑하기에 일 년 중 지금이 가장 좋은 때입니다.

079

I still have trouble expressing myself in English.

영어로 자신을 표현하기가 아직도 어려워요.

영어를 잘 못한다는 표현은 I can't speak English very well.이라고 흔하게 쓸 수 있습니다. 하지만 조금 더 세련된 표현을 하고 싶다면 I still have trouble expressing myself in English.라고 표현하면 좋습니다.

Dialogue English

Jason_
얼마나 많은 외국어를 구사할 수 있나요?

Billy_
영어뿐만 아니라 일본어도 할 수 있어요.

Jason_
영어는 잘 합니까?

Billy_
사실, **영어로 자신을 표현하기가 아직도 어려워요.**

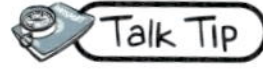
(Talk Tip) be good at은 '~에 능통하다, 잘하다'의 뜻으로 반대말은 be poor at이지만, 실제로는 not good at을 더 자주 씁니다.

Pattern English

1. I still have trouble focusing in class.
2. I still have trouble learning Japanese.
3. I still have trouble making friends.
4. I had trouble getting used to new house.
5. I have trouble expressing myself in Korean because it's not that easy to learn it.

1. 수업에 집중하는 게 여전히 어려워요.
2. 일본어를 배우는 게 여전히 힘들어요.
3. 친구를 사귀는 게 아직도 어려워요.
4. 새 집에 적응하는 데 어려움이 있었어요.
5. 배우기가 쉽지 않아서 한국어로 자신을 표현하기가 어려워요.

08O

Let's discuss the matter over the bottle.

술 한잔하면서 얘기하죠.

명사 bottle은 원래 '술병'을 의미하지만 여기서는 '술'이라는 의미입니다. 그러므로 친구들과 만나서 '술 한잔하면서 얘기하자.'라고 말을 하고 싶을 때는 바로 Let's discuss the matter over the bottle.이라고 하면 됩니다.

Dialogue English

Jason_
잠시 얘기를 나눌 수 있을까요?

Billy_
물론이죠, 제가 무엇을 했으면 좋겠어요?

Jason_
당신과 의논할 게 있어요.

Billy_
정말이에요? **술 한잔하면서 얘기하죠.**

 **Talk Tip** 영어로 I have something to discuss with you.라고 하면 '당신과 얘기할 게 있습니다.'의 뜻이 됩니다.

Pattern English

1. Let's discuss the matter over a cup of coffee if possible.
2. Let's discuss the matter over a glass of wine at a bar.
3. Let's discuss the matter over lunch at 12 o'clock today.
4. Let's discuss the matter over dinner after work.
5. Let's discuss the matter over breakfast, what do you say?

1. 가능하면 커피 한잔하면서 얘기합시다.
2. 바에서 와인 한잔하면서 얘기합시다.
3. 오늘 12시에 점심 먹으면서 얘기합시다.
4. 일과 후에 저녁 먹으면서 얘기합시다.
5. 아침 먹으면서 얘기합시다. 어때요?

Let's take a **Review**

Review 8

071. 우리 얘기에 대해서 생각해 봤습니까?
(talk, you, even, have, our, thought, about)

____?

072. 그와 방금 전에 통화했어요. (just, him, the I, phone, off, with, got)

____.

073. 제가 할 게 있으면 알려주세요.
(if, do, there, me, you, please, me, know, want, let, is, anything, to)

____.

074. 저는 절대로 거짓말을 안 해요. (I, am, last, to, a, tell, the, man, lie)

____.

075. 성함을 말씀해 주시겠습니까?
(name, your, could, you, tell, possibly, me)

____?

076. 저는 안절부절 못하고 있습니다. (I, pins, am, needles, and, on)

____.

077. 그녀의 음악은 아무리 들어도 지겹지 않습니다.
(enough, her, I, music, of, don't, get)

____.

078. 회는 일 년 중에 지금이 가장 맛있을 때입니다.
(raw, year, best, at, this, time, of, its, fish, is, at)

____.

079. 영어로 자신을 표현하기가 아직도 어려워요.
(English, I, still, trouble, have, myself, expressing, in)

____.

080. 술 한잔하면서 얘기하죠.
(let's, bottle, the, the, over, matter, discuss)

____.

081. I don't know from A to Z about Japanese.
일본어에 대해 제대로 아는 게 하나도 없어요.

082. The traffic is backed up to City Hall.
차가 시청까지 밀려있습니다.

083. I'm under the impression that you're lying to me.
당신이 거짓말을 하고 있다고 생각해요.

084. I wonder if you could tell me your marital status.
혹시 결혼하셨습니까?

085. Money burns a hole in your pocket.
돈을 물 쓰듯 하는군요.

086. Not in a million years.
절대로 안 돼.

087. I'll get back to you later.
잠시 후에 답변 드리죠.

088. Name the time and place.
시간과 장소를 말해 봐요.

089. I've just scratched the surface about English.
영어를 막 시작했습니다.

090. I don't have the nerve to ask her for a date.
용기가 없어서 그녀에게 데이트 신청을 못하겠어요.

081

I don't know from A to Z about Japanese.

일본어에 대해 제대로 아는 게 하나도 없어요.

'잘 모른다'는 표현으로 실생활에서 가장 많이 사용하는 것이 I don't know.입니다. 이 보다는 조금 어렵지만 '~에 대해 하나부터 열까지 제대로 아는 게 하나도 없어요'라는 의미의 I don't know from A to Z about~이라는 표현을 익혀두면 조금 더 고급스러운 영어를 구사할 수 있습니다.

Dialogue English

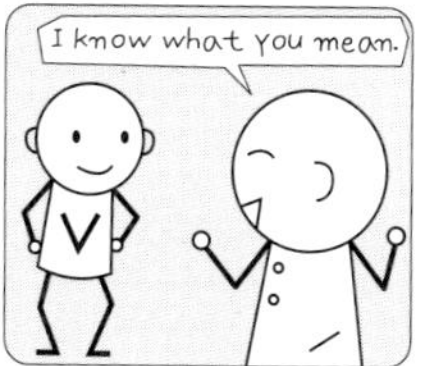

Jason_

일본어를 할 수 있나요?

Billy_

물론이죠, 하지만 잘하지는 못해요. 당신은요?

Jason_

일본어에 대해 제대로 아는 게 하나도 없어요.

Billy_

무슨 뜻인지 알겠어요.

Talk Tip) 상대방의 얘기를 이해한 경우에 I know what you mean. 또는 I know what you're saying.이라고 표현하면 좋습니다.

Pattern English

1. I don't know from A to Z about Korean.
2. I don't know from A to Z about Korean dishes.
3. I don't know from A to Z about this new advertising strategy.
4. I don't know from A to Z about that music. I mean, that's new to me.
5. I don't know from A to Z about math. Actually, I'm very poor at it.

1. 한국어에 대해서 제대로 아는 게 하나도 없어요.
2. 한국 음식들에 대해서는 완전 문외한입니다.
3. 이 새로운 광고 전략에 대해서는 아는 바가 하나도 없어요.
4. 그 음악에 대해 전혀 몰라요. 제 말은, 그 음악은 처음 듣거든요.
5. 수학에 대해 하나부터 열까지 제대로 아는 게 없어요. 사실, 수학에는 정말 자신이 없거든요.

082

The traffic is backed up to City Hall.

차가 시청까지 밀려있습니다.

차가 밀려 도로 위에 꼼짝 못하고 있었던 경험은 누구에게나 있는 일이죠. 이렇게 '차가 ~까지 밀려 있다'는 상황을 영어로 어떻게 표현하면 될까요? 「The traffic is backed up to + 장소」를 활용하면 됩니다.

Dialogue English

Susan_
정말 끔찍한 교통체증이군요!

Billy_
네, 맞아요. **차가 시청까지 밀려있습니다.**

Susan_
시간 안에 기차역에 어떻게 가죠?

Billy_
모르겠군요.

Talk Tip) 상대방의 질문에 확실한 대답을 할 수가 없을 때, You got me there.(모르겠어요.)라고 하면 됩니다.

Pattern English

1. The traffic is backed up for miles.
2. The traffic is backed up to the Kimpo International Airport.
3. The traffic is backed up to the post office next to the train station.
4. The traffic is backed up to the bus terminal.
5. The traffic is backed to the department store located in the middle of a city.

1. 차가 몇 마일 정도 밀려있어요.
2. 김포 국제공항까지 차가 밀려있네요.
3. 차가 기차역 근처에 있는 우체국까지 밀려있어요.
4. 버스터미널까지 차가 밀려있어요.
5. 도시 중심지에 위치한 백화점까지 차가 밀려있어요.

083

표현난이도 | ★ ★

I'm under the impression that you're lying to me.

당신이 거짓말을 하고 있다고 생각해요.

상황에 따라서 존댓말을 사용해야 하는 경우가 생기게 되는데 이럴 때 I think라고 하는 것 보다는 「I'm under the impression that 주어＋동사」로 표현하면 좋습니다. 자신의 생각을 조금 더 예의를 갖추어 나타내는 표현법입니다.

Dialogue English

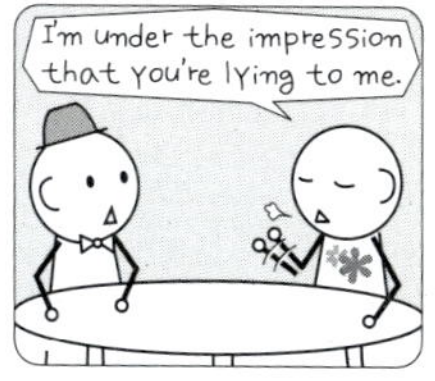

Jason_
할 얘기가 있어요.

Sarah_
뭔데요?

Jason_
당신을 너무 많이 사랑해요.

Sarah_
당신이 거짓말을 하는 것 같아요.

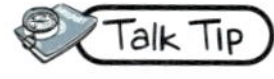 **Talk Tip** 우리말에 '사랑해요'에 해당되는 영어 표현으로는 우리가 잘 아는 I love you 이외에도 I'm crazy about you.나 I have crush on you. 등이 있습니다.

Pattern English

1. I'm under the impression that you love me.
2. I'm under the impression that she will get fired.
3. I'm under the impression that he will succeed.
4. I'm under the impression that it's a good buy.
5. I'm under the impression that I will be able to do business with him.

1. 당신이 절 사랑한다고 생각합니다.
2. 그녀가 해고당할 것 같습니다.
3. 그가 성공할 것 같습니다.
4. 물건을 싸게 잘 산 것 같습니다.
5. 그와 사업을 할 수 있을 것 같습니다.

084

표현난이도 | ★ ★

I wonder if you could tell me your marital status.

혹시 결혼하셨습니까?

I wonder if you could tell me~는 우리말에 '실례하지만 ~ 좀 말씀해 주시겠어요?'라는 뜻입니다. 상대방에게 사적인 질문을 할 경우에 Are you married?처럼 가벼운 표현보다는 I wonder if you could tell me your martial status.라고 하는 것이 예의를 갖춘 표현입니다.

Dialogue English

Billy_
사적인 질문을 해도 될까요?

Michael_
상관없습니다. 물어보세요.

Billy_
혹시 결혼하셨습니까?

Michael_
작년에 결혼했습니다.

Talk Tip) 우리말에 '상관없어요.'에 해당되는 영어 표현이 바로 I don't care. 또는 I don't mind.입니다.

Pattern English

1. I wonder if you could tell me your new advertising campaign.
2. I wonder if you could tell me your new year's resolution.
3. I wonder if you could tell me your family for a moment.
4. I wonder if you could tell me your phone number and address.
5. I wonder if you could tell me your project more specifically.

1. 새로운 광고 캠페인에 대해 말씀해 주십시오.
2. 새해 결심 좀 얘기해 주세요.
3. 잠시 동안 당신의 가족에 대해 말씀해 주시겠어요?

4. 전화번호와 주소 좀 알려주시죠?
5. 좀더 구체적으로 당신 계획을 말씀해 주시겠어요?

085

Money burns a hole in your pocket.

돈을 물 쓰듯 하는군요.

돈을 펑펑 쓰는 사람을 보고 You are spending too much money.라고 해도 좋지만 좀 세련되게 Money burns a hole in your pocket.이라고 합니다. '돈을 마구 쓰는 바람에 손의 마찰로 주머니에 구멍이 생기게 되었다.'라는 문자 그대로의 의미에서 '돈을 물 쓰듯 한다.'는 뜻을 유추할 수 있습니다.

Ⓓialogue English

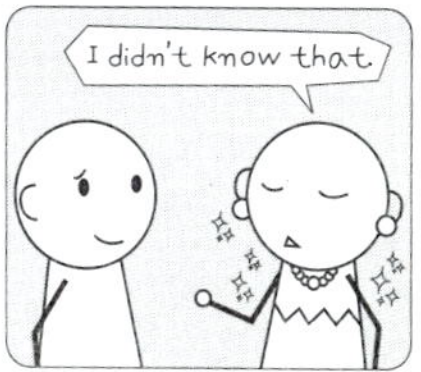

Jason_
아버님께서 혹시 부자이신가요?

Mary_
왜 그렇게 생각하시죠?

Jason_
돈을 물 쓰듯 하잖아요.

Mary_
나는 몰랐어요.

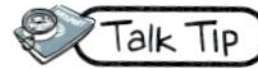

Talk Tip) 영어로 Why do you think so? 보다는 What makes you think so?라는 하는 것이 더 세련되게 들립니다.

Ⓟattern English

1. Money burns a hole in my husband's pocket.
2. Money burns a hole in my best friend's pocket.
3. Money burns a hole in my wife's pocket.
4. Money burns a hole in his pocket. I think that he must be rich.
5. Money burns a hole in Jane's pocket and she doesn't even know the importance of money.

1. 제 남편은 돈을 물 쓰듯 해요.
2. 저의 제일 친한 친구는 돈을 너무 막 써요.
3. 제 부인은 돈을 너무 물 쓰듯 해요.
4. 그는 돈을 물 쓰듯 합니다. 부자인 게 틀림없나 봐요.
5. 제인은 돈을 물 쓰듯 하며 심지어 돈의 중요성에 대해서도 몰라요.

08**6**

Not in a million years.

절대로 안 돼.

상대방이 도저히 말도 안 되는 얘기나 부탁을 하면 우리는 흔히 '말도 안 돼, 웃기는 소리 하지 마, 어림없는 소리 하지도 마, 절대 안 돼, 그런 일은 절대 없을 거야' 등의 반응을 보이게 됩니다. 영어로 쉽게 No way.라고 말할 수 있지만 Not in a million years.라는 표현도 함께 알아두면 좋습니다.

Dialogue English

Joe_
다시 할 수 있을 것 같아.

Billy_
그런 일은 절대 없을 거야.

Joe_
왜 그렇게 생각하지?

Billy_
네게 그런 능력이 있다고 생각지 않아.

 **Talk Tip** competent는 '~할 능력이 있는, 자격을 갖춘'의 의미로 사용됩니다.

Pattern English

1. Can I use your computer for a moment? - Not in a million years.
2. Can I borrow your car? - Not in a million years.
3. Why don't you lend me some money? - Not in a million years.
4. Why don't you give me a hand with my homework? - Not in a million years.
5. Why don't you stop smoking? - Not in a million years.

1. 네 컴퓨터 잠시 사용해도 돼? – 절대로 안 돼.
2. 차 좀 빌릴 수 있을까? – 절대 안 돼.
3. 돈 좀 빌려주지 않을래? – 말도 안 되는 소리 하지 마.
4. 내 숙제 좀 도와줄래? – 그런 일은 절대로 없을 거야.
5. 담배 좀 끊지? – 절대로 그런 일은 없을 거야.

087

I'll get back to you later.

잠시 후에 답변 드리죠.

가끔은 상대방으로부터 질문을 받고 즉석에서 대답하기 곤란한 경우에 '잠시 후에 말씀드리겠습니다.'
라고 말하게 되는데 영어로는 I'll get back to you later.이라고 합니다. 갑자기 곤란한 질문을 받았거
나 생각할 시간이 필요한 경우 사용할 수 있습니다.

Dialogue English

Boss_
돈을 얼마 정도 받고 싶습니까?

Employee_
글쎄요, **잠시 후에 답변 드리죠.**

Boss_
알겠습니다. 가능한 빨리 알려주세요.

Employee_
네, 그렇게 하겠습니다.

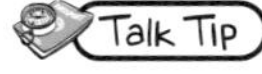 **Talk Tip** 영어로 sure thing은 상대방의 제안 또는 요청에 대해 긍정적인 답을 줄 때 사용합니다.

Pattern English

1. Are you married or single? - I'll get back to you later.
2. I wonder whether you love me or not. - I'll get back to you later. I'm busy now.
3. How many children do you have? - I'll get back to you later. I have a call.
4. What's the matter with your wife? - I'll get back to you later. She's calling me.
5. What's bugging you? - I'll get back to you later. I have to get this done.

1. 결혼했나요? 아니면 미혼입니까? – 잠시 후에 알려 드리겠습니다.
2. 저를 사랑하는지 아닌지 궁금합니다. – 잠시 후에 알려 드리겠습니다. 지금 바빠요.
3. 자녀가 몇 명입니까? – 잠시 후에 알려 드리겠습니다. 전화가 와서요.
4. 부인에게 무슨 문제라도 있나요? – 잠시 후에 알려 드리겠습니다. 그녀가 전화하네요.
5. 왜 그래요? – 잠시 후에 알려 드리겠습니다. 이것 좀 끝내야 하거든요.

08

Name the time and place.

시간과 장소를 말해 봐요.

친구와 함께 약속을 할 때나 모임 장소에 합류할 경우에 '시간과 장소를 말해 봐.'라는 표현을 자주 쓰게 되는데 이를 영어로 표현하면 Name the time and place.라고 합니다. 여기서 name은 동사로 '말하다, 명칭을 얘기하다'의 뜻입니다.

Dialogue English

Jason_
술 한잔하면서 문제를 토론하는 게 어때요?

Billy_
좋습니다. **시간과 장소를 말해 봐요.**

Jason_
조금 후에 알려드릴게요.

Billy_
알았습니다. 편할대로 하세요.

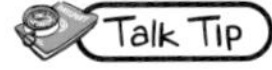 (Talk Tip) I'll let you know a little later.는 I'll get back to you later.로 표현해도 상관없습니다.

Pattern English

1. Do you want to meet me after work? - Yes. Name the time and place.
2. Can we have a drink this evening? - Sure. Name the time and place.
3. What do you say to playing table tennis? - Name the time and place.
4. How about discussing the matter over dinner? - Sounds good. Name the time and place.
5. How about getting together after work? - Okay. Name the time and place.

1. 일과 후 저를 만나고 싶으세요? - 네, 시간과 장소만 얘기해 봐요.
2. 오늘 저녁에 술 한잔 할 수 있을까요? - 당연하죠, 시간과 장소만 얘기해요.
3. 탁구 하는 게 어떨까요? - 시간과 장소만 얘기하세요.
4. 저녁 식사하면서 토론하는 게 어때요? - 좋죠, 시간과 장소만 말해요.
5. 일과 후에 우리 뭉칠까요? - 알았어요, 시간과 장소만 말해 봐요.

089

I've just scratched the surface about English.

영어를 막 시작했습니다.

'~을(를) 막 시작했습니다.'라는 의미의 I've just scratched the surface about~은 겸손하게 말하는 표현법입니다. 명사 surface는 '표면', 동사 scratch는 '긁다'라는 뜻이므로 직역하면 '~의 표면을 막 긁었습니다.'가 되지만 좀 자연스럽게 '~을 막 시작했습니다'라는 의미로 이해하세요.

Dialogue English

Jason_

영어를 유창하게 구사할 수 있나요?

Billy_

아니오, **영어를 막 시작했습니다.**

Jason_

유창한 영어를 구사할 수 있다고 들었습니다.

Billy_

전혀 아닙니다. 하지만 올해는 정말 잘하고 싶어요.

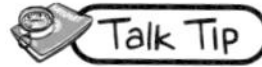 Talk Tip) knock it out of the park는 do it great 또는 hit a homerun처럼 '잘하다'라는 뜻입니다.

Pattern English

1. I've just scratched the surface about learning Japanese, but it's very interesting.
2. I've just scratched the surface of what you do.
3. I've just scratched the surface about tennis. How about you?
4. I've just scratched the surface about Korea. In fact, I've never heard anything about Korea.
5. I've just scratched the surface about his new marketing presentation.

1. 일본어를 막 배우기 시작 했어요, 하지만 재미있네요.
2. 당신 일의 겉만 훑은 정도예요.
3. 테니스에 막 입문 했어요. 당신은요?
4. 한국에 대해서는 잘 몰라요. 사실, 한국에 대해 아무 것도 못 들었어요.
5. 그의 새로운 마케팅 발표에 대해 아는 바가 별로 없네요.

090

I don't have the nerve to ask her for a date.

용기가 없어서 그녀에게 데이트 신청을 못하겠어요.

영화 '브루클린으로 가는 마지막 비상구'에서 동성연애자인 남동생이 여자 속옷 차림으로 누워있는 것을 보고 형이 You have the nerve to lie here with this thing on?(너 이따위 옷을 입고 뻔뻔하게 누워 있어?)이라고 합니다. 여기 나온 「don't have the nerve to+동사」가 '~할 용기가 없다'입니다.

Dialogue English

Jason_
줄리에게 데이트 신청했어요?

Billy_
아직이요. 사실, **용기가 없어서 데이트 신청을 못하겠어요.**

Jason_
농담 아니죠?

Billy_
네, 진짜예요.

> **Talk Tip** nerve는 원래 '신경' 또는 '긴장' 등의 의미인데 구어로는 '뻔뻔스러움, 철면피'라는 의미로 쓰입니다.

Pattern English

1. I don't have the nerve to do that again.
2. I don't have the nerve to lie to you.
3. I don't have the nerve to ask him out.
4. I don't have the nerve to speak English in front of people.
5. I don't have the nerve to call her again.

1. 용기가 없어 그것을 다시 할 수가 없어요.
2. 용기가 없어 너에게 거짓말을 못해.
3. 용기가 없어 그에게 데이트 신청을 못하겠어요.
4. 용기가 없어 사람들 앞에서 영어로 말을 못해요.
5. 용기가 없어 그녀에게 다시는 전화를 못 걸겠어요.

Let's take a **Review**

081. 저는 일본어에 대해서 제대로 아는 게 하나도 없어요.
(I, Japanese, know, don't, about, from A to Z)

____.

082. 차가 시청까지 밀려있습니다.
(backed, Hall, the, up, to, traffic, is, City)

____.

083. 당신이 거짓말을 하고 있다고 생각해요.
(lying, me, to, are, you, I'm, the, under, that, impression)

____.

084. 혹시 결혼하셨습니까?
(status, I, marital, wonder, if, tell, me, could, you, your)

____?

085. 돈을 물 쓰듯 하는군요. (money, your, pocket, a, hole, in, burns)

____.

086. 절대로 안 돼. (in, years, not, a, million)

____.

087. 잠시 후에 답변 드리죠. (back, later, I'll, you, to, get)

____.

088. 시간과 장소만 말해 봐요. (name, place, and, time, the)

____.

089. 영어를 막 시작했습니다.
(I've, scratched, just, surface, the, English, about)

____.

090. 용기가 없어 그녀에게 데이트 신청을 못하겠어요.
(a, date, her, for, ask, I, don't, nerve, have, the, to)

____.

Step 10

091. **Why don't I go tell him you're here?**
그에게 당신이 여기에 왔다고 말할까요?

092. **I have an appointment with your boss.**
당신 사장님과 약속이 있습니다.

093. **I'm not finished talking to you.**
아직 얘기가 안 끝났어요.

094. **Do you mind if I say something to you?**
당신에게 뭔가 얘기를 해도 괜찮을까요?

095. **I can't tell you how much I enjoyed it.**
정말 마음껏 즐겼습니다.

096. **What's all the fuss about?**
웬 난리법석이야?

097. **You have to do the best with what God gave you.**
신이 주신 능력으로 최선을 다해야 해.

098. **Do you have a convenient store around here?**
이 근처에 편의점이 있습니까?

099. **If you want me to call you, please let me know.**
제가 당신께 전화하길 원하면 알려주세요.

100. **There's no need to bother.**
괜히 걱정할 필요가 없어요.

091

표현난이도 | ★ ★

Why don't I go tell him you're here?

그에게 당신이 여기에 왔다고 말할까요?

토익이나 영어회화에서 「Why don't you+동사?」 또는 「Why don't we+동사?」의 패턴을 자주 접해 봤을 겁니다. 영어로 「Why don't I+동사?」는 '제가 ~하는 게 어떨까요?'라는 뜻입니다.

Dialogue English

July_

안녕하세요, 피터. 어떻게 여기에 오셨죠?

Peter_

미스터 박을 만나러 왔습니다.

July_

그에게 당신이 여기에 왔다고 말할까요?

Peter_

그럴 필요는 없습니다.

(Talk Tip) 영어로 Why did you come here?라고 묻는 것 보다는 What brought you here?라고 하는 것이 더 세련되어 보입니다.

Pattern English

1. Why don't I travel alone?
2. Why don't I give you a hand?
3. Why don't I learn Japanese starting today?
4. Why don't I get some sleep?
5. Why don't I tell you my secret?

1. 제가 혼자 여행해 보는 게 어떨까요?
2. 제가 당신을 도와주는 게 어떨까요?
3. 제가 오늘부터 일본어를 배워보는 게 어떨까요?
4. 제가 좀 잠을 청하는 게 어떨까요?
5. 제가 당신에게 제 비밀을 말해주는 게 어떨까요?

09**2**

I have an appointment with your boss.

당신 사장님과 약속이 있습니다.

우리말에 '~와(과) 약속이 있다'를 영어로 어떻게 말할까요? 쉽게 「I have an appointment with + 사람」으로 표현하면 됩니다.

Dialogue English

Secretary_
무엇을 도와 드릴까요?

Bob_
당신 사장님과 약속이 있습니다.

Secretary_
잠시 자리를 비우셨습니다. 돌아오실 때까지 기다리시겠습니까?

Bob_
물론, 좋습니다.

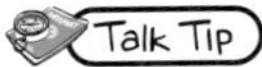 Talk Tip) 우리말에 '잠시 자리를 비우다'를 영어로 표현하면 step out for a moment라고 합니다.

Pattern English

1. I have an appointment with my new manager at 3 o'clock.
2. I have an appointment with my coworker after work.
3. I have an appointment with your vice president at noon.
4. I have an appointment with Tony at this restaurant.
5. I have an appointment with Mr. Watanabe, a new engineer.

1. 3시에 새로 온 매니저와 약속이 있어요.
2. 일과 후에 동료와 약속이 있습니다.
3. 정오에 당신 부사장님과 약속이 있습니다.
4. 이 레스토랑에서 토니와 약속이 있습니다.
5. 새로 온 엔지니어, 와타나베씨와 약속이 있습니다.

093

I'm not finished talking to you.

아직 얘기가 안 끝났어요.

자신은 할 말을 다하지 못했는데 대화가 끝났을 경우에 사용할 수 있는 영어 표현이 바로 I'm not finished talking to you.입니다. '아직 얘기 다 안 끝났습니다.'의 의미인데 무언가 하던 일이 끝나지 않았음을 표현하고 싶을 때 「I'm not finished + -ing」을 활용하면 됩니다.

Dialogue English

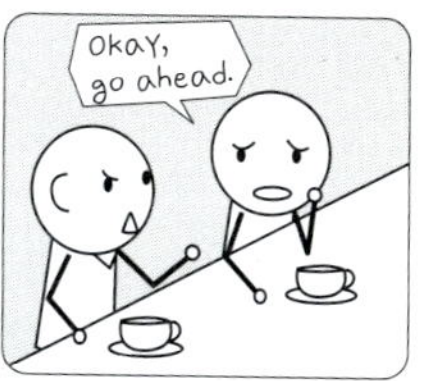

Jason_
제 말을 듣고 있나요?

Billy_
듣고 있어요. 다른 할 말이 있어요?

Jason_
사실, **아직 얘기가 안 끝났어요.**

Billy_
알았어요. 계속 해봐요.

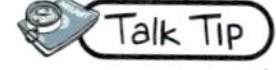
Talk Tip 영어로 Are you listening to me?라고 하면 '제 말을 듣고 있어요?'이며 대답은 I'm listening.이라고 합니다.

Pattern English

1. I'm not finished taking a shower.
2. I'm not finished taking a walk.
3. I'm not finished having dinner.
4. I'm not finished having a phone conversation.
5. I'm not finished exercising.

1. 샤워가 아직 안 끝났어요.
2. 산책이 아직 안 끝났어요.
3. 저녁 식사가 아직 안 끝났어요.
4. 전화 통화가 아직 안 끝났어요.
5. 운동이 아직 안 끝났어요.

094

Do you mind if I say something to you?

당신에게 뭔가 얘기를 해도 괜찮을까요?

토익 시험이나 영화 속에서 자주 등장하는 영어 패턴으로 「Do you mind if I + 동사?」는 '제가 ～해도 괜찮나요?'의 뜻입니다. 그러므로 Do you mind if I say something to you?라고 하면 '당신에게 뭔가 얘기를 해도 괜찮을까요?'의 의미가 됩니다.

Ⓓialogue English

Jason_

실례합니다만, **당신에게 뭔가 얘기를 해도 괜찮을까요?**

Billy_

물론이죠. 말씀해 보세요.

Jason_

당신은 오늘부터 담배를 끊어야 할 것 같아요.

Billy_

정 그렇다면요.

(Talk Tip) 보통 as of today라고 하면 '오늘부터'의 뜻이 됩니다.

Ⓟattern English

1. Do you mind if I say something to your younger brother?
2. Do you mind if I say something to your husband about your school life?
3. Do you mind if I say something to him before he leaves?
4. Do you mind if I say something to your secretary about this document?
5. Do you mind if I say something to you after work?

1. 당신 남동생에게 뭔가 얘기를 해도 괜찮을까요?
2. 당신 남편에게 당신 학교 생활에 대해 뭔가 얘기를 해도 괜찮을까요?
3. 그가 떠나기 전에 그에게 뭔가 얘기를 해도 괜찮을까요?
4. 당신의 비서에게 이 서류에 대해 뭔가 얘기를 해도 괜찮을까요?
5. 일 끝나고 당신에게 뭔가 얘기를 해도 괜찮을까요?

095

표현난이도 | ★ ★

I can't tell you how much I enjoyed it.

정말 마음껏 즐겼습니다.

직역하면 '얼마나 많이 즐겼는지 말할 수가 없다.'가 되지만 의역하면 '말할 수 없을만큼 즐거웠다'는 의미로 '정말 마음껏 즐겼습니다'가 됩니다. 그래서 I can't thank you enough.라고 하면 '정말 고맙습니다.'라는 뜻이 됩니다.

Dialogue English

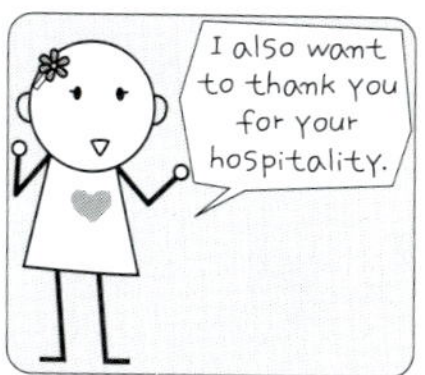

Billy_
제니, 어젯밤 제 생일 파티가 어땠어요?

Jenny_
솔직히 **정말 마음껏 즐겼어요.**

Billy_
즐거웠다니 다행입니다.

Jenny_
당신 환대에 역시 감사드리고 싶어요.

 **Talk Tip** 상대방의 호의에 감사하고 싶을 때, I want to thank you for your hospitality.라고 표현하면 됩니다.

Pattern English

1. I can't tell you how much I enjoyed your birthday party.
2. I can't tell you how much I enjoyed meeting you this morning.
3. I can't tell you how much I enjoyed watching this movie.
4. I can't tell you how much I enjoyed being with you.
5. I can't tell you how much I enjoyed spending time with you.

1. 당신 생일 파티를 마음껏 즐겼습니다.
2. 오늘 아침 당신을 만나게 되어서 정말 기뻤습니다.
3. 이 영화를 정말 재미있게 보았습니다.
4. 당신과 함께 해서 정말 기뻤습니다.
5. 당신과 시간을 보낼 수 있어서 정말 기뻤습니다.

096

What's all the fuss about?

웬 난리법석이야?

명사 fuss에는 '혼란, 혼동'이라는 뜻이 있어서 What's all the fuss about?이라고 하면 '웬 난리법석이야?, 웬 소란이야?'라는 의미가 됩니다.

Dialogue English

Daughter_
도와줘요. 아빠. 여기로 와보세요.

Father_
웬 난리법석이니?

Daughter_
제 방에 큰 거미가 있어요. 정말 싫어요.

Father_
겨우 작은 거미 때문에 이 소란을 떨 필요는 없잖아.

Talk Tip 우리말에 '소란을 피우다'를 영어로 표현하면 make a fuss (about)라고 합니다.

Pattern English

1. What's the story about?
2. What's this movie about?
3. What's his English novel about?
4. What's this book about?
5. What's this program about?

1. 그 이야기는 무슨 내용입니까?
2. 이 영화는 무엇에 관한 겁니까?
3. 그의 영어 소설책은 무엇에 관한 겁니까?
4. 이 책은 무엇에 관한 겁니까?
5. 이 프로그램은 무엇에 관한 겁니까?

09**7**

You have to do the best with what God gave you.

신이 주신 능력으로 최선을 다해야 해.

영화 *Forrest Gump*에서 병석에 누워 계시는 어머니께서 Forrest(Tom Hanks)에게 You have to do the best with what God gave you.라고 얘기하는 장면이 나옵니다. 우리말로 '신이 주신 능력으로 최선을 다해야 해.'라는 의미로 do the best(최선을 다하다)는 꼭 익혀두세요.

Dialogue English

Father_

아들아, **신이 주신 능력으로 최선을 다해야 해.**

Son_

제 운명은 어떤 걸까요? 아빠!

Father_

스스로 깨달아야 해. 무슨 뜻인지 알겠지?

Son_

네, 이해했어요.

 **Talk Tip** 영어로 I got the picture.라고 하면 '이해가 됩니다'의 뜻으로 여기서 picture는 '주위에서 돌아가는 상황'을 뜻합니다.

Pattern English

1. You have to do the best with what you have.
2. You have to do your utmost.
3. You have to clean your room immediately.
4. You have to watch what you eat.
5. You have to lose weight.

1. 자신의 능력으로 최선을 다해야 합니다.
2. 최선을 다해야 합니다.
3. 즉시 방 청소를 해야 합니다.
4. 식이요법을 해야 합니다.
5. 살 좀 빼야 합니다.

098

Do you have a convenient store around here?

이 근처에 편의점이 있습니까?

'편의점'을 영어로 하면 convenient store이고 '~이 근처에 있습니까?'라는 표현은 Is there a ~ around here? 또는 Do you have a ~ around here?라고 합니다. 여기서 Do you have~는 '~가 있나요?'로 이해하면 됩니다.

Dialogue English

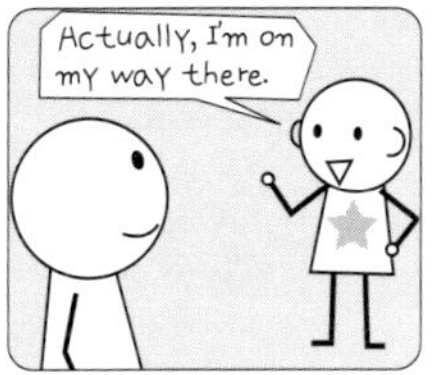

Jason_
실례지만, **이 근처에 편의점이 있습니까?**

Billy_
물론이죠. 여기서부터 걸어갈 수 있는 위치에 있어요.

Jason_
반가운 소리군요.

Billy_
사실, 제가 그곳에 가는 중입니다.

Talk Tip 우리말에 '그곳에 가는 중입니다'를 영어로 간단하게 I'm on my way there.라고 하면 됩니다.

Pattern English

1. Do you have a Chinese restaurant around here?
2. Do you have a post office around here?
3. Do you have a vending machine around here?
4. Do you have a bookstore around your house?
5. Do you have a printer I can use around here?

1. 중국 식당이 근처에 있나요?
2. 우체국이 근처에 있습니까?
3. 자판기가 근처에 있나요?
4. 서점이 당신 집 근처에 있습니까?
5. 내가 이 근처에서 사용할 수 있는 복사기가 있나요?

099

If you want me to call you, please let me know.

제가 당신께 전화하길 원하면 알려주세요.

기본적인 패턴만 이해한 후 문장을 응용해서 활용해 보면 영어회화가 쉽게 다가올 겁니다. 영어로 「If you want me to＋동사, please let me know.」라고 하면 '제가 ~하길 원하면 알려 주세요'의 뜻이 됩니다.

Dialogue English

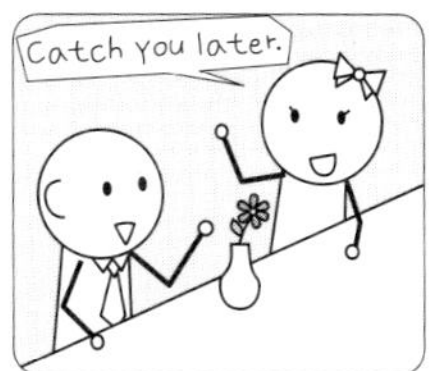

Jason_
제 전화번호를 가지고 있나요?

Sara_
네. **제가 당신께 전화하길 원하면 알려주세요.**

Jason_
알았어요. 아무튼, 지금 가야해요. 얘기 잘 나누었습니다.

Sara_
나중에 봐요.

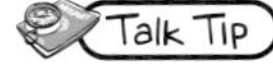 **Talk Tip** 작별인사로 Catch you later.라고 하면 '나중에 봐요, 다음에 봐요'라는 뜻입니다.

Pattern English

1. If you want me to give you a hand, please let me know.
2. If you want me to go, please let me know.
3. If you want me to help you, please let me know.
4. If you want me to stay here, please let me know.
5. If you want me to fix your computer for free, please let me know.

1. 제가 당신을 돕기를 원하면 알려줘요.
2. 제가 가길 원하면 알려줘요.
3. 제가 당신을 돕기를 원하면 알려주세요.
4. 제가 여기에 머물기를 원하면 알려줘요.
5. 제가 무료로 당신 컴퓨터를 고치길 원한다면 알려줘요.

100

There's no need to bother.

괜히 걱정할 필요가 없어요.

동사 bother는 '괴롭히다'라고 쓰이는 경우도 있지만 '걱정하다, 조심하다'의 뜻도 있습니다. 그래서 상대방이 You don't need to bother.라고 말하면 '걱정 마세요. 또는 괜히 걱정하실 필요는 없습니다.'라고 이해하면 됩니다. 짧게 말하면 Don't bother.가 됩니다.

Dialogue English

Jason_
제가 가방 좀 들어 드릴까요?

Billy_
신경쓰실 거 없어요.

Jason_
무슨 말씀이죠?

Billy_
혼자서 할 수 있습니다.

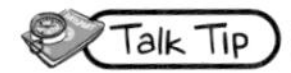

(Talk Tip) I beg your pardon은 끝을 내리면 '죄송해요', 끝을 올리면 '다시 말씀해 주시겠어요?'라는 의미가 되므로 억양에 신경써서 말하도록 합니다.

Pattern English

1. There's no need to worry about.
2. There's no need to hurry.
3. There's no need to do the same thing.
4. There's no need to carry an umbrella.
5. There's no need to come over to my house.

1. 걱정 할 필요 없어요.
2. 서두를 필요 없어요.
3. 같은 일을 할 필요 없어요.
4. 우산을 가지고 다닐 필요는 없어요.
5. 저의 집에 올 필요 없어요.

Let's take a **Review**

091. 그에게 당신이 여기에 왔다고 말하는 게 어떨까요?
(him, why, I, here, go, don't, you're, tell)

____?

092. 당신 사장님과 약속이 있습니다.
(boss, your, appointment, I, an, have, with)

____.

093. 아직 얘기가 안 끝났어요. (finished, I'm, talking, not, you, to)

____.

094. 당신에게 뭔가 얘기를 해줘도 괜찮나요?
(do, to, you, mind, if, say, I, something, you)

____?

095. 정말 마음껏 즐겼습니다. (I, enjoyed, how, it, much, can't, you, tell, I)

____.

096. 웬 난리법석이야? (fuss, what's, about, the, all)

____?

097. 신이 주신 능력으로 최선을 다해야 해.
(you, gave, you, God, with, what, have, the best, do, to)

____.

098. 이 근처에 편의점이 있습니까?
(here, store, do, have, you, a, convenient, around)

____?

099. 제가 당신께 전화하길 원하면 알려주세요.
(let, know, me, if, call, you, please, me, to, want, you)

____.

100. 괜히 걱정할 필요가 없어요. (there's, bother, no, to, need)

____.

Step 11

101. **You don't look like yourself.**
안색이 안 좋아 보여요.

102. **My plan went up in smoke.**
제 계획이 무산되었습니다.

103. **The first thing I have to do is purchase airplane tickets in advance.**
우선 해야 할 일은 항공 표들을 미리 구입하는 겁니다.

104. **The last thing I want to do is lie to you.**
절대로 당신에게 거짓말을 하고 싶지 않습니다.

105. **My wife and I bring home the bacon.**
아내와 저는 맞벌이 부부입니다.

106. **Would you please let me use your car?**
차 좀 사용할 수 있게 해주시겠습니까?

107. **I'm looking forward to working with you.**
잘 부탁드리겠습니다.

108. **I got the biggest kick out of it.**
정말 재미있었어요.

109. **I got ants in my pants before a job interview.**
면접을 보기 전에 초조했어요.

110. **You never let me know about your family.**
당신 가족에 대해 결코 얘기하지 않는군요.

101

You don't look like yourself.

안색이 안 좋아 보여요.

영어로 I don't feel myself.라고 하면 우리말로 '어째 오늘은 기분이 안 좋네요.'가 됩니다. 그러므로 평소와는 달리 얼굴 안색이 안 좋은 동료나 친구를 본다면 You look strange today.라고 해도 좋지만 You don't look like yourself today.라고 하면 상대방에게 더욱 세련되게 들립니다.

Dialogue English

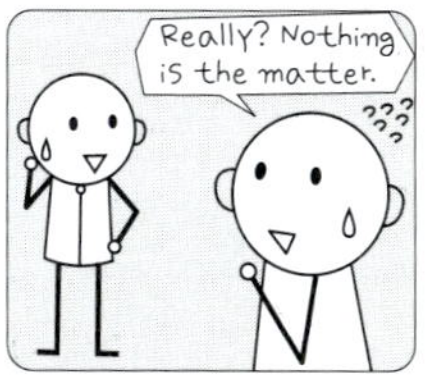

Jason_
안색이 안 좋아 보여요.

Billy_
무슨 말씀이시죠?

Jason_
제 말은, 오늘따라 이상하게 보여서요.

Billy_
정말이요? 아무 문제도 없습니다.

Talk Tip) 우리말에 '아무 문제도 없어요.'는 간단하게 영어로 Nothing is the matter.라고 하면 됩니다.

Pattern English

1. Rachael doesn't look like herself.
2. My boss doesn't look like herself.
3. Your youger brother doesn't look like himself.
4. He doesn't look like himself today.
5. My English teacher doesn't look like himself.

1. 레이첼이 안색이 안 좋아요.
2. 나의 상사가 안색이 안 좋아요.
3. 네 남동생은 안색이 안 좋아 보인다.
4. 그는 오늘 안색이 안 좋네요.
5. 나의 영어 선생님이 안색이 좋아 보이지 않습니다.

102

표현난이도 | ★ ★

My plan went up in smoke.

제 계획이 무산되었습니다.

오랫동안 신행했던 계획이나 일이 하루아침에 잘못되는 경우가 있는데 이럴 때 '계획이 하루아침에 무산되었습니다.'는 표현을 쓰게 됩니다. 영어로는 My plan has ended in smoke.인데 in smoke가 '가리워져, 숨겨져'라는 의미인 것을 잘 떠올리면 전체 문장이 쉽게 이해됩니다.

Dialogue English

Jason_
당신의 새 계획이 어떻게 진행되고 있나요?

Billy_
사실, 제 계획이 무산되었습니다.

Jason_
정말 안됐군요.

Billy_
괜찮습니다.

Talk Tip 상대방에게 '~은(는) 어떻게 진행되고 있나요?'라고 묻고 싶다면 How is your ~ going on?이라고 하면 좋겠습니다.

Pattern English

1. My new plan went up in smoke.
2. My plan to travel around the world went up in smoke.
3. Our company's plan went up in smoke.
4. Her plan went up in smoke a few weeks ago.
5. Their plan to buy a house went up in smoke.

1. 제 새로운 계획이 무산되었습니다.
2. 세계 여행을 하려던 나의 계획이 무산되었습니다.
3. 우리 회사의 계획이 무산되었습니다.

4. 그녀의 계획이 몇 주 전에 무산되었습니다.
5. 집을 사려던 그들의 계획이 무산되었습니다.

103

The first thing I have to do is purchase airplane tickets in advance.

우선 해야 할 일은 항공 표들을 미리 구입하는 겁니다.

이 표현을 그대로 직역하면 '제가 해야 할 첫 번째 일은 항공 표들을 미리 구입하는 겁니다.'가 되지만 '제가 우선 해야 할 일은 ~ 입니다.'로 의역하면 좋겠습니다.

Dialogue English

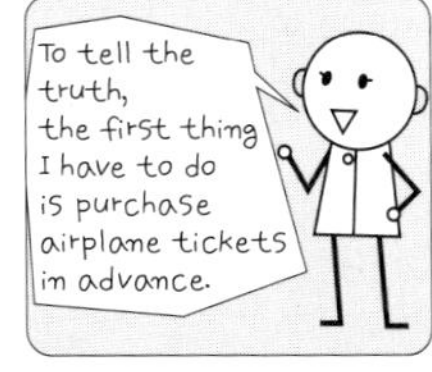

Jason_
주말 계획이 어떻게 되죠?

Billy_
제주도에서 가족과 함께 시간을 보낼 계획입니다.
당신은요?

Jason_
아직 특별한 계획이 없어요.

Billy_
사실, **우선 해야 할 일은 미리 항공 표들을 구입하는 겁니다.**

(Talk Tip) in advance는 '미리, 앞서, 사전에'라는 의미입니다.

Pattern English

1. The first thing I have to do is make a reservation.
2. The first thing I have to do is wash my face.
3. The first thing I have to do is make a decision.
4. The first thing I have to do is return your book to you.
5. The first thing I have to do is clean the room.

1. 제가 우선 해야 할 일은 예약하는 겁니다.
2. 제가 우선 해야 할 일은 세수하는 겁니다.
3. 제가 우선 해야 할 일은 결정을 하는 겁니다.

4. 제가 우선 해야 할 일은 당신 책을 돌려주는 겁니다.
5. 제가 우선 해야 할 일은 방을 청소하는 겁니다.

104

표현난이도 | ★ ★

The last thing I want to do is lie to you.

절대로 당신에게 거짓말을 하고 싶지 않습니다.

직역하면 '제가 하길 원하는 마지막 일은 당신에게 거짓말을 하는 겁니다.'가 되지만 '절대로 거짓말을 하고 싶지 않다.'는 강한 의지를 나타내는 표현입니다. 영어회화에서 자주 사용되는 패턴으로 「The last thing I want to do is + 동사」를 암기하여 활용하면 좋습니다.

Dialogue English

Jason_
제인, 당신을 정말 사랑합니다. 당신에게 반했어요.

Jane_
농담이죠?

Jason_
농담이 아니에요. 사실, **절대로 당신에게 거짓말은 하고 싶지 않아요.**

Jane_
그러면, 당신이 말한 것을 생각해 보죠.

Talk Tip 영어로 I have a crush on you.는 '당신에게 반했어요.'라는 뜻입니다.

Pattern English

1. The last thing I want to do is upset you.
2. The last thing I want to do is marry her.
3. The last thing I want to do is borrow some money from you.
4. The last thing I want to do is be friends with you.
5. The last thing I want to do is ask you for some help.

1. 당신을 절대로 언짢게 하고 싶지 않아요.
2. 절대로 그녀와 결혼 안 해요.
3. 당신으로부터 절대로 돈을 안 빌려요.
4. 절대로 당신과 친구 되고 싶지 않아요.
5. 절대로 당신에게 도움을 요청하지 않아요.

105

My wife and I bring home the bacon.

아내와 저는 맞벌이 부부입니다.

bring home the bacon은 '집에 베이컨을 가지고 오다'라는 뜻이므로 '가족의 생계비를 벌어온다'는 의미를 내포하고 있습니다. 그래서 '아내와 내가 생계를 책임지고 있다'라는 것은 곧 맞벌이 부부라는 의미가 되는 것이죠.

Dialogue English

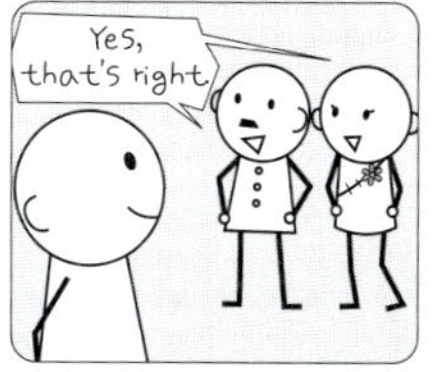

Jason_

누가 생활비를 법니까?

Mr. Kim_

사실 아내와 저는 맞벌이 부부입니다.

Jason_

정말인가요?

Mr. and Mrs. Kim_

네, 맞습니다.

(Talk Tip) '누가 생계비를 책임지고 있습니까?'라고 물을 경우에는 Who brings home the bacon?이라고 합니다.

Pattern English

1. I bring home the bacon.
2. Susan and Bob both bring home the bacon.
3. My father brings home the bacon.
4. My wife brings home the bacon.
5. What does it matter who brings home the bacon?

1. 제가 집의 가장입니다.
2. 수잔과 밥은 맞벌이 부부예요.
3. 제 아버지께서 생계를 책임지세요.

4. 제 아내가 집의 생계를 책임집니다.
5. 누가 가장이 된들 뭐가 그리 중요한가요?

106

Would you please let me use your car?

차 좀 사용할 수 있게 해주시겠습니까?

영어도 우리말처럼 공손한 표현이 많이 있습니다. 그 중에서 「Would you please let me＋동사?」라는 표현은 「let me＋동사」 보다 앞에 Would you please를 붙여서 훨씬 더 공손하게 들리도록 합니다.

Dialogue English

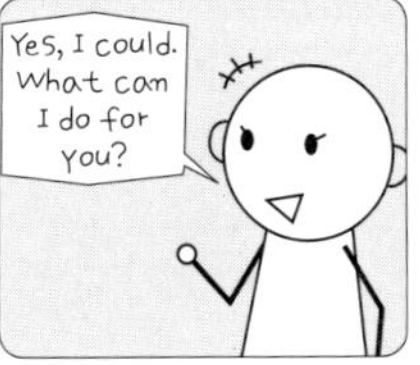

Jason_
부탁을 들어주시겠습니까?

Billy_
네. 무엇을 도와 드릴까요?

Jason_
차 좀 사용할 수 있게 해주시겠습니까?

Billy_
물론이죠, 차 열쇠 여기 있습니다.

Talk Tip '부탁을 들어주시겠어요?'를 영어로 표현하면 Could you do me a favor?라고 합니다.

Pattern English

1. Would you please let me use your computer?
2. Would you please let me fix you a drink?
3. Would you please let me wash the dishes?
4. Would you please let me get some fresh air?
5. Would you please let me be alone?

1. 제가 컴퓨터를 사용할 수 있게 해주시겠어요?
2. 제가 술 한잔 준비하도록 해주시겠습니까?
3. 제가 설거지를 하도록 해주시겠습니까?
4. 제가 바람 좀 쐬게 해주시겠습니까?
5. 제가 혼자 있도록 해주시겠어요?

107

표현난이도 | ★ ★

I'm looking forward to working with you.

잘 부탁드리겠습니다.

처음 출근해서 다른 직원들과 인사를 나눌 때 '잘 부탁합니다, 잘 봐주세요'라고 하는데 이때 쓸 수 있는 영어 표현이 I'm looking forward to working with you.입니다. 직역하면 '저는 당신과 함께 일하기를 학수고대하고 있습니다.'가 되지만 '앞으로 잘 부탁드리겠습니다.'에 해당되는 표현입니다.

Dialogue English

Bob_
안녕하세요, 여러분. 제 소개를 하겠습니다. 저는 마이크 리이며 신입사원입니다.

Co-Worker 1_
만나서 반갑습니다.

Bob_
저 역시 만나서 반갑습니다. **잘 부탁드리겠습니다.**

Co-Worker 2_
함께 일하게 되어 기쁩니다.

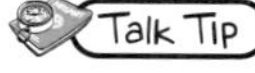

(Talk Tip) 처음 누군가를 만나서 반가울 때 nice to meet you.라고 간단하게 영어로 말하면 좋습니다.

Pattern English

1. I'm looking forward to applying for this job.
2. I'm looking forward to going to New York.
3. I'm looking forward to meeting you again.
4. I'm looking forward to getting a job.
5. I'm looking forward to having dinner with you.

1. 저는 이 일에 지원할 수 있기를 학수고대하고 있습니다.
2. 저는 뉴욕에 가길 학수고대합니다.
3. 저는 당신을 다시 만나기를 학수고대합니다.
4. 저는 일을 구하기를 학수고대합니다.
5. 저는 당신과 저녁을 같이 하길 학수고대합니다.

108

I got the biggest kick out of it.

정말 재미있었어요.

우리말에 '정말 재미있는 시간이었습니다, 흥미로운 시간을 보냈습니다.'에 해당되는 영어 표현 중에 I got the biggest kick out of it.이 있습니다. kick에는 '발길질'이라는 뜻 외에도 '재미, 흥미'라는 뜻이 있어서 the biggest kick은 '아주 흥미로운 시간, 최고의 시간'이라는 의미가 됩니다.

Dialogue English

Jason_
오랜만입니다. 일본에서 언제 돌아오셨나요?

Billy_
며칠 전에 왔습니다.

Jason_
도쿄 여행은 어땠습니까?

Billy_
정말 재미있었어요.

 **Talk Tip** 보통 「How was your + 명사?」라고 하면 '~은(는) 어땠습니까?'라는 뜻으로 자주 쓰는 패턴입니다.

Pattern English

1. I got the biggest kick out of this baseball game.
2. I got the biggest kick out of this concert.
3. I got the biggest kick out of watching my wife and son together.
4. I got the biggest kick out of traveling abroad.
5. I got the biggest kick out of having a chat with my best friend.

1. 이 야구 경기는 정말 재미있었어요.
2. 이 콘서트는 정말 재미있었습니다.
3. 부인과 아들을 함께 지켜보면서 정말 즐거운 시간을 보냈습니다.
4. 해외여행하면서 정말 재미있는 시간을 보냈어요.
5. 가장 친한 친구와 수다 떨면서 정말 즐거운 시간을 보냈어요.

109

I got ants in my pants before a job interview.

면접을 보기 전에 초조했어요.

우리말에 '초조해하다, 불안하다, 안절부절못하다'를 영어로 표현하면 got ants in my pants가 됩니다. 즉, '바지 속에 개미가 몇 마리 들어갔다'는 뜻인데 당연히 몸이 좀 불편할 수밖에 없겠죠. 비슷한 표현으로 I have my heart in my mouth. 또는 I've got butterflies in my stomach.가 있습니다.

Dialogue English

Jason_
오늘 아침 면접은 어땠습니까?

Billy_
너무 힘들었어요.

Jason_
무슨 문제라도 있었나요?

Billy_
사실, **면접을 보기 전에 초조했어요.**

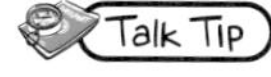

Talk Tip 상대방이 평소와 달리 행동하거나 안색이 좋아 보이지 않을 때, What's wrong?(왜 그래요?)이라고 말을 건네면 됩니다.

Pattern English

1. I got ants in my pants before a test this morning.
2. I got ants in my pants when I went on stage yesterday.
3. I got ants in my pants when I had to speak in front of people.
4. I got ants in my pants when I proposed to Kate.
5. I got ants in my pants before an English exam.

1. 오늘 아침 시험을 보기 전에 초조했습니다.
2. 어제 무대에 올라갔을 때 긴장되었습니다.
3. 사람들 앞에서 연설을 해야 했을 때 긴장되었습니다.
4. 케이트에게 청혼을 했을 때 떨렸습니다.
5. 영어 시험을 보기 전에 긴장되었습니다.

110

You never let me know about your family.

당신 가족에 대해 결코 얘기하지 않는군요.

영어로 You never let me know~라고 하면 '당신은 절대로 ~를(을) 얘기하지 않는군요.'라는 의미로, 자주 사용되는 표현이므로 기억해 두는 것이 좋습니다. 특히, 「let + 목적어 + 동사」의 패턴은 let me go, let me help와 같이 많이 쓰이는 패턴으로 '내가 ~하게 두라'는 의미로 사용하면 됩니다.

Dialogue English

Jason_
왜 남동생이 아직도 결혼 안 했어요?

Billy_
그건 비밀이에요.

Jason_
가족에 대해 결코 얘기하지 않는군요.

Billy_
당신 일이나 신경 써요.

(Talk Tip) 대답하기 곤란할 때 간단하게 It's my confidential.이라고 하면 됩니다.

Pattern English

1. You never let me know what's happening.
2. You never let me know how she is doing.
3. You never let me know why she hated me.
4. You never let me know when it will start.
5. You never let me know how to fix this computer.

1. 무슨 일이 있는지 결코 당신은 얘기하지 않는군요.
2. 그녀가 어떻게 지내고 있는지 결코 당신은 얘기하지 않는군요.
3. 왜 그녀가 날 증오했는지 결코 당신은 얘기하지 않는군요.
4. 언제 시작하는지 결코 당신은 얘기하지 않는군요.
5. 이 컴퓨터를 어떻게 고치는지 결코 당신은 얘기하지 않는군요.

Let's take
a **Review**

101. 안색이 안 좋아 보여요. (yourself, look, you, don't, like)

______________________________________ .

102. 제 계획이 무산되었습니다. (smoke, up, in, my, plan, went)

______________________________________ .

103. 우선 해야 할 일은 미리 항공 표들을 구입하는 겁니다.
(advance, airplane, purchase, the, do, first, in, tickets, is, I, thing, have, to)

______________________________________ .

104. 절대로 당신에게 거짓말을 하고 싶지 않습니다.
(the, thing, you, lie, last, to, is, I, do, want, to)

______________________________________ .

105. 아내와 저는 맞벌이 부부입니다.
(and, my, home, wife, the, I, bacon, bring)

______________________________________ .

106. 차 좀 사용할 수 있게 해주시겠습니까?
(would, you, car, use, please, me, let, your)

______________________________________ ?

107. 잘 부탁드리겠습니다. (with, you, working, forward, I'm, looking, to)

______________________________________ .

108. 정말 재미있었어요. (it, out, I, got, kick, the, biggest, of)

______________________________________ .

109. 면접을 보기 전에 초조했어요.
(I, interview, a job, before, in, my, got, ants, pants)

______________________________________ .

110. 당신 가족에 대해 결코 얘기하지 않는군요.
(your, know, about, you, me, let, never, family)

______________________________________ .

Step 12

111. **I know him by his first name.**
저는 그와 친합니다.

112. **I have my heart set on seeing her.**
그녀가 무척 보고 싶군요.

113. **I'm not easy to get along with.**
저는 사람들과 쉽게 어울리지 못해요.

114. **I don't think I have the talent for cooking.**
요리에 소질이 있다고 생각하지 않습니다.

115. **I just can't stand Max.**
맥스와는 못 사귀겠어요.

116. **How long has it been since you went to Busan?**
얼마 만에 부산에 가는 겁니까?

117. **He's an over the hill singer.**
그는 한물간 가수입니다.

118. **Can you be more specific about your family?**
가족에 대해서 좀더 자세히 말해 줄래요?

119. **How long will it be before the next bus arrives?**
다음 버스가 도착하려면 얼마나 더 있어야 되죠?

120. **I'm having a ball.**
정말 재미있습니다.

111

I know him by his first name.

저는 그와 친합니다.

우리는 누구와 친할 때 이름을 부르는데 영·미인들도 서로 친하게 되면 I know him(her) personally. 라고 표현을 합니다. 좀더 세련되게 표현하려면 I know him(her) by first name.이라고 하면 되는데 뜻은 '저는 그와(그녀와) 아주 친합니다.'이며 first name은 우리말로 '이름'이라는 의미입니다.

Dialogue English

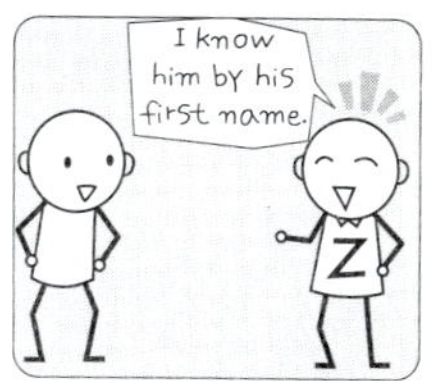

Jason_
찰리가 누구인지 아시나요?

Billy_
네, 압니다. 엔지니어이고 뉴욕 출신이잖아요.

Jason_
어떻게 그를 잘 아시죠?

Billy_
그와 친해요.

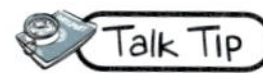
(Talk Tip) 대화 중에 How do you know him so well?은 우리말에 '어떻게 그를 잘 아시죠?'에 해당됩니다.

Pattern English

1. I know Mike working as an engineer by his first name.
2. I know Tony who is my coworker by his first name.
3. I know Richard in the sales department by his first name.
4. I know Cindy who teaches me English by her first name.
5. I know Paul from New York by his first name.

1. 저는 엔지니어로 근무하는 마이크와 친해요.
2. 저는 동료인 토니와 친합니다.
3. 저는 영업부에 있는 리처드와 아주 친한 사이에요.
4. 저는 영어를 가르쳐주는 신디와 아주 친한 사이에요.
5. 저는 뉴욕에서 온 폴과 친한 편이에요.

112

I have my heart set on seeing her.

그녀가 무척 보고 싶군요.

팝송 중에 *Got my mind set on you*라는 노래가 있는데 제목 자체로도 정말 멋있는 표현이 됩니다. '나의 마음을 너에게 고정시켰다.' 즉, '당신을 정말 잊을 수 없다.'는 뜻으로 「I have my heart set on + 명사/동명사(저는 ~하고 싶습니다)」라는 패턴과 함께 익혀 활용하면 좋겠습니다.

Dialogue English

Jason_
여자 친구 어디 있나요?

Paul_
2주 전에 일본에 갔는데 아직 돌아오지 않았어요.

Jason_
정말 그리운가요?

Paul_
물론이죠. **그녀가 무척 보고 싶군요.**

Talk Tip 동사 miss는 '놓치다'의 뜻으로 사용되지만 때에 따라서는 '그리워하다'의 의미로도 쓰입니다.

Pattern English

1. I have my heart set on seeing David again.
2. I have my heart set on traveling alone.
3. I have my heart set on losing weight.
4. I have my heart set on watching this movie tonight.
5. I have my heart set on playing computer games now.

1. 데이비드가 무척 다시 보고 싶군요.
2. 혼자 여행하고 싶어요.
3. 살을 무척 빼고 싶어요.
4. 오늘밤 이 영화를 무척 보고 싶습니다.
5. 지금 컴퓨터 게임을 무척 하고 싶어요.

113

I'm not easy to get along with.

저는 사람들과 쉽게 어울리지 못해요.

영어로 「easy to+동사」는 '~하기 쉽다'의 의미이지만 반대로 「not easy to+동사」라고 하면 '~하기 쉽지 않다'가 되므로 I'm not easy to get along with.는 '저는 함께 어울리기에는 쉽지 않다'가 됩니다. 의역해서 '저는 사람들과 쉽게 어울리지는 못합니다'로 이해하세요.

Dialogue English

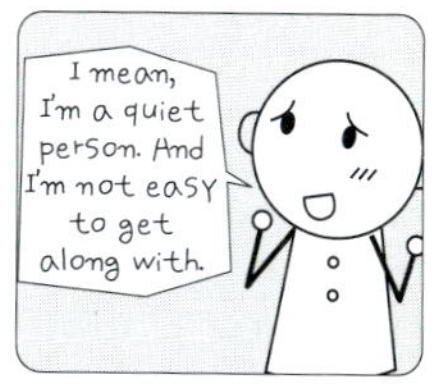

Jason_
당신은 외향적인 사람인가요?

Billy_
아닙니다. 저는 내성적인 사람입니다.

Jason_
무슨 뜻이죠?

Billy_
제 말은, 저는 조용한 사람입니다. 그리고 **저는 사람들과 쉽게 어울리지 못해요.**

 **Talk Tip** 영어로 extrovert는 '외향적인'이라는 뜻이며 introverted는 '내성적인'이라는 뜻입니다.

Pattern English

1. I don't think that Cindy is easy to get along with.
2. My wife is not easy to get along with.
3. David who is working as a plumber is not easy to get along with.
4. Charlie who is my manager is not easy to get along with.
5. The person wearing black suits is not easy to get along with.

1. 신디가 사람들과 쉽게 어울리지는 못하는 거 같아요.
2. 제 부인은 사람들과 쉽게 어울리지 못합니다.
3. 배관공으로 일하는 데이비드는 사람들과 쉽게 어울리지 못해요.
4. 제 매니저인 찰리는 사람들과 쉽게 어울리지 못합니다.
5. 검은 정장을 입고 있는 사람은 주위사람들과 쉽게 어울리지 못해요.

114

I don't think I have the talent for cooking.

요리에 소질이 있다고 생각하지 않습니다.

우리말에 '~에 소질이 있다'를 영어로 표현하면 간단하게 have the talent for~라고 하면 됩니다. 따라서, I have the talent for cooking.은 I'm good at cooking.처럼 '저는 요리에 소질이 있습니다.'라는 뜻이 됩니다.

Dialogue English

Jason_

요리를 잘 하시나요?

Miki_

아니요. **요리에 소질이 있는 것 같진 않아요.** 당신은요?

Jason_

사실, 저는 요리는 자신이 있습니다.

Miki_

정말인가요? 당신이 무척 부럽군요.

(Talk Tip) 영어로 I'm good at~이라고 하면 '저는 ~을(를) 잘합니다'의 뜻입니다.

Pattern English

1. I don't think I have the talent for singing.
2. I don't think I have the talent for public speaking.
3. I don't think I have the talent for writing a novel.
4. I don't think I have the talent for dancing.
5. I don't think I have the talent for playing golf.

1. 저는 노래에 소질이 있다고 생각 안 합니다.
2. 저는 대중 연설에 소질이 있다고 생각 안 합니다.
3. 저는 소설 쓰는 데 소질이 있다고 생각 안 합니다.
4. 저는 춤에 소질이 있다고 생각 안 합니다.
5. 저는 골프에 소질이 있다고 생각 안 합니다.

115

I just can't stand Max.

맥스와는 못 사귀겠어요.

동사 stand에는 '참다, 견디다'라는 뜻이 있습니다. 그래서 I just can't stand Max.라고 하면 '맥스는 정말 꼴불견이다, 맥스는 정말 꼴보기 싫다, 견딜 수 없다'라는 의미가 됩니다. 무언가를 참기 힘든 상황에 다양하게 사용할 수 있는 표현입니다.

Dialogue English

July_
맥스는 정말 꼴불견이에요.

Sara_
그럴 줄 알았어요.

July_
그는 너무 무례해요.

Sara_
정말 그래요.

Talk Tip 상대방의 말에 동의를 하는 경우 You can say that again.이라고 합니다. 뜻은 '정말 그렇습니다.'입니다.

Pattern English

1. I just can't stand losing you.
2. I just can't stand the loud noise from upstairs.
3. I just can't stand hot weather in Africa.
4. Heavy traffic again! I can't stand it.
5. I just can't stand Jane who has her own way.

1. 당신을 잃는다는 것은 참을 수 없어요.
2. 위층에서 나는 시끄러운 소음을 견딜 수가 없어요.
3. 아프리카의 더운 날씨는 참기 어려워요.
4. 또 교통 체증이야! 참을 수가 없어.
5. 제멋대로인 제인을 그냥 내버려 둘 수가 없군요.

116

How long has it been since you went to Busan?

얼마 만에 부산에 가는 겁니까?

우리말로 '얼마 만에 ~하는 겁니까?'라는 의미의 말을 상대방에게 건네고 싶다면 간단하게 「How long has it been since you + 과거동사~?」라고 하면 됩니다.

D Dialogue English

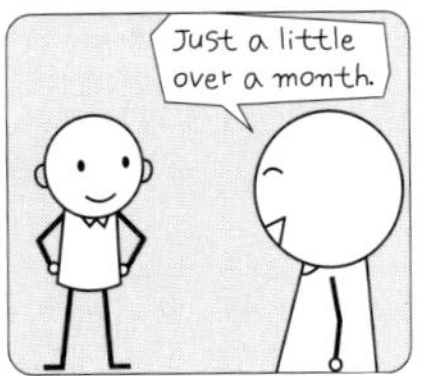

Jason_
여름휴가로 어디에 갈 계획인가요?

Billy_
부산에 갈 계획입니다.

Jason_
정말인가요? **얼마 만에 부산에 가는 겁니까?**

Billy_
한 달 조금 넘었습니다.

Talk Tip) 많이 사용하는 영어 패턴 중에 하나인 「be planning to + 동사」는 '~할 계획 중이다.'라는 뜻입니다.

P Pattern English

1. How long has it been since you went on a picnic?
2. How long has it been since you smoked?
3. How long has it been since we met each other?
4. How long has it been since he went to Seoul?
5. How long has it been since she took a vacation?

1. 당신은 얼마 만에 소풍을 가는 겁니까?
2. 당신은 얼마 만에 담배를 피우는 겁니까?
3. 우리는 얼마 만에 만나는 거죠?
4. 그가 얼마 만에 서울에 가는 겁니까?
5. 그녀가 얼마 만에 휴가를 가는 겁니까?

117

표현난이도 | ★ ★

He's an over the hill singer.

그는 한물간 가수입니다.

표현 중에 over the hill을 직역하면 '언덕을 넘어서'가 되는데 보통 전성기가 지나서 기량이 현격히 떨어진 누군가를 묘사하는 표현으로 He is an over the hill singer.라고 하면 '그는 한물간 가수입니다.'가 됩니다.

Dialogue English

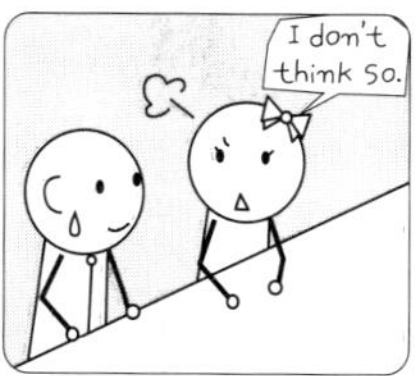

Jason_

가장 좋아하는 가수가 누구죠?

Jane_

브라이언 아담스를 많이 좋아합니다.

Jason_

제 생각에는 **그는 한물간 가수예요.**

Jane_

난 그렇게 생각하지 않아요.

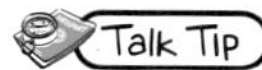 Talk Tip   가장 좋아하는 가수가 누구인지 상대방에게 묻고 싶다면 Who is your favorite pop singer?라고 표현하면 됩니다.

Pattern English

1. He is an over the hill politician.
2. He is an over the hill musician in America.
3. He is an over the hill actor in Hollywood.
4. He is an over the hill soccer player.
5. He is an over the hill singer, but his song is still popular.

1. 그는 한물간 정치가입니다.
2. 그는 미국에서 한물간 음악가입니다.
3. 할리우드에서 그는 한물간 배우입니다.
4. 그는 한물간 축구선수입니다.
5. 그는 한물간 가수지만 그의 노래는 여전히 대중적입니다.

118

Can you be more specific about your family?

가족에 대해서 좀더 자세히 말해 줄래요?

대화를 나누다가 상대가 자세한 내용은 말하지 않고 주변 얘기만으로 사안의 본질을 드러내지 않을 때 Can you be more specific?이라고 질문할 수 있는데, 뜻은 '좀더 자세히 말씀해 주시겠어요?'가 됩니다.

Dialogue English

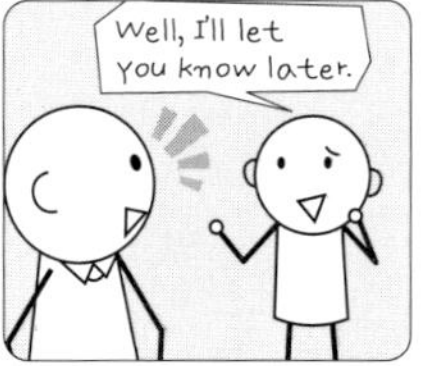

Jason_
가족은 몇 명입니까?

Billy_
6명입니다. 집에 있으면 정말 정신이 없어요.

Jason_
가족에 대해서 좀더 자세히 말해 줄래요?

Billy_
글쎄요. 나중에 알려 드리죠.

Talk Tip It gets kind of crazy around here.는 '집에 있으면 정말 정신이 없어요.'라는 의미로 이해하면 됩니다.

Pattern English

1. Can you be more specific about your job?
2. Can you be more specific about your new marketing strategy?
3. Can you be more specific about his school life?
4. Can you be more specific about her situation?
5. Can you be more specific about when this project will be finished?

1. 당신 일에 대해 좀더 자세히 말해 줄래요?
2. 당신의 새로운 마케팅 전략에 대해 좀더 자세히 말해 주시죠?
3. 그의 학교생활에 대해 좀더 자세히 말해 줄래요?
4. 그녀의 상황에 대해 좀더 자세히 말해 주시죠?
5. 이 프로젝트가 언제 끝날지 좀더 자세히 말해 주시죠?

119

표현난이도 | ★ ★

How long will it be before the next bus arrives?

다음 버스가 도착하려면 얼마나 더 있어야 되죠?

영어로 How long will it be before~?는 우리말로 '~하려면 얼마나 더 있어야 되죠?'가 됩니다. 비슷하게 '~은 얼마나 걸리냐?'는 표현은 「How long will it take to + 동사~?」를 이용하여 표현할 수 있는데 둘 다 자주 쓰이므로 많은 연습을 통해서 익혀두는 것이 중요합니다.

Dialogue English

Mina_

다음 버스가 도착하려면 얼마나 더 있어야 되죠?

Billy_

대략 20분입니다.

Mina_

정말이에요? 혹시 이 노선 버스들이 얼마나 자주 다니는지 아세요?

Billy_

죄송해요. 저도 잘 모르겠어요.

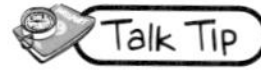

(Talk Tip) 대화에서 나온 run은 '(버스·기차 등이 특정 노선으로) 운행하다'의 의미입니다.

Pattern English

1. How long will it be before lunch?
2. How long will it be before I can play tennis well?
3. How long will it be before I can taste it?
4. How long will it be before you are ready to leave?
5. How long will it be before you can marry her?

1. 점심 시간까지 얼마나 더 있어야 되죠?
2. 제가 테니스를 잘 치려면 얼마나 더 있어야 되죠?
3. 그것을 맛 보려면 얼마나 더 있어야 되죠?
4. 당신이 떠날 준비가 되려면 얼마나 더 있어야 되죠?
5. 당신이 그녀와 결혼할 수 있으려면 얼마나 더 있어야 되죠?

120

I'm having a ball.

정말 재미있습니다.

몇몇 호텔에는 ballroom이 있는데 뜻은 '무도장, 즐거운 행사장'입니다. 명사 ball에는 이렇게 '여흥' 이라는 뜻이 있으므로 '굉장히 재미있습니다'라고 말할 때는 I'm having a good time. 또는 I'm having a ball.이라고 하면 됩니다.

Dialogue English

Jason_
여름휴가는 어때요?

John_
정말 재미있습니다. 좋은 시간을 보내고 있어요.

Jason_
즐거울 때는 시간이 빨리 가죠?

John_
맞아요.

Talk Tip 상대방의 말이 상황에 딱 맞아 '바로 그겁니다'라는 대답을 하고 싶을 때, 영어로는 You got it right.라고 합니다.

Pattern English

1. My children are having a ball at an amusement park.
2. I'm having a ball with my colleagues.
3. Cindy is having a ball with her younger sister.
4. Tony is having a ball with his friends at his birthday party.
5. We are having a ball together.

1. 제 아이들이 놀이 공원에서 재미있는 시간을 보내고 있어요.
2. 동료들과 즐거운 시간을 보내고 있어요.
3. 신디는 여동생과 즐거운 시간을 보내고 있어요.
4. 토니는 그의 생일 파티에서 친구들과 즐거운 시간을 보내고 있어요.
5. 우리는 재미있는 시간을 함께 보내고 있죠.

Let's take
a **Review**

111. 저는 그와 친합니다. (first, I, him, know, name, by, his)

____.

112. 그녀가 무척 보고 싶군요. (set, seeing, I, heart, have, her, on, my)

____.

113. 저는 사람들과 쉽게 어울리지 못해요. (I'm, with, get, easy, to, not, along)

____.

114. 요리에 소질이 있다고 생각하지 않습니다.
(cooking, for, I, think, don't, I, the talent, have)

____.

115. 맥스와는 못 사귀겠어요. (Max, I, stand, can't, just)

____.

116. 얼마 만에 부산에 가는 겁니까?
(Busan, how, long, you, to, went, since, it, been, has)

____?

117. 그는 한물간 가수입니다. (singer, hill, an, over, the, he's)

____.

118. 가족에 대해서 좀더 자세히 말해 줄래요?
(your, family, can, specific, more, about, be, you)

____?

119. 다음 버스가 도착하려면 얼마나 더 있어야 되죠?
(how, arrives, the, bus, next, before, it, be, will, long)

____?

120. 정말 재미있습니다. (ball, having, a, I'm)

____.

Step 13

121. I feel uneasy without my cell phone.
휴대폰이 없으면 불안합니다.

122. Not a chance.
어림도 없는 소리야.

123. To the best of my knowledge
내가 아는 한

124. If you were in my shoes, what would you do?
당신이 저라면 어떻게 하시겠어요?

125. If it's not too much trouble, would you be so kind to help me?
대단히 죄송하지만 저를 도와주시겠어요?

126. I don't have the guts to propose to her.
용기가 없어서 그녀에게 청혼을 못합니다.

127. I'm sick and tired of pizza.
피자가 신물이 납니다.

128. I haven't been exercising because I can't be bothered.
귀찮아서 운동을 안 하고 있었습니다.

129. I don't know what to do to kill time.
시간을 보내기 위해 뭘 할지 모르겠어요.

130. How do you think I feel?
제 기분이 어떨 것 같습니까?

121

I feel uneasy without my cell phone.

휴대폰이 없으면 불안합니다.

동사 feel은 보통 뒤에 형용사를 취해 감정이나 상태를 표현하게 됩니다. 그러므로 I feel uneasy without~이라는 표현은 '~이(가) 없으면 불안합니다'라는 뜻이 되며 feel happy(행복하다), feel better(나아지다), feel sorry(안쓰럽다), feel warm(따뜻하다) 등과 같이 표현할 수 있습니다.

Dialogue English

Jason_
항상 핸드폰을 가지고 다니십니까?

Billy_
물론이죠. 항상 주머니에 넣고 다닙니다.

Jason_
핸드폰이 없으면 불안합니까?

Billy_
당연하죠. **휴대폰이 없으면 불안합니다.**

(Talk Tip) 우리가 사용하는 '핸드폰'은 영어로는 cell(ular) phone 또는 mobile phone이라고 합니다.

Pattern English

1. I feel uneasy without my eyeglasses.
2. I feel uneasy without this English dictionary.
3. I feel uneasy without your financial support.
4. I feel uneasy without special reason.
5. I feel uneasy without you next to me.

1. 제 안경이 없으면 왠지 불안해요.
2. 이 영어 사전이 없으면 불안해요.
3. 당신의 재정적인 지원이 없으면 왠지 불안해요.
4. 특별한 이유없이 불안해요.
5. 제 곁에 당신이 없으면 불안합니다.

122

Not a chance.

어림도 없는 소리야.

상대방이 마음에 안 드는 제안이나 의견을 내놓았을 때 거절하고 싶다면 Not a chance.라고 대답할 수 있습니다. 표현은 상황에 따라 우리말로 '어림없어, 절대 안 돼, 말도 안 돼' 등으로 자연스럽게 이해하면 좋겠습니다.

Dialogue English

Jason_

외식하자.

Jenny_

좋은 생각이야. 기분전환으로 일본 음식 먹는 게 어때?

Jason_

절대 안 돼. 난 일본 음식을 별로 좋아하지 않거든.

Jenny_

유감인데.

Talk Tip) be crazy about은 '~에 푹 빠져있다, 너무 좋아하다'라는 뜻으로 사용됩니다.

Pattern English

1. Let's study Japanese together. - Not a chance. Japanese isn't my thing.
2. How about this yellow dress? - Not a chance. I'm sick and tired of that color.
3. Let's play golf over the weekend. - Not a chance. When it comes to golf, I'm all thumbs.
4. What do you say to getting together for a drink? - Not a chance.
5. Do you want to go to the casino with me? - Not a chance.

1. 일본어 같이 공부하자. – 어림도 없는 소리 하지 마. 일본어와는 담쌓았어.
2. 이 노란 드레스는 어때? – 절대 안 돼. 그 색깔은 지겨워.
3. 주말에 골프하자. – 어림없는 소리. 골프에 관한 한, 난 젬병이야.
4. 술 한잔 같이 하는 게 어때? – 어림없는 소리야.
5. 같이 카지노나 갈까? – 말도 안 돼.

123

To the best of my knowledge
내가 아는 한

영어 표현인 To the best of my knowledge는 '내가 아는 한, 저의 견해로는'이라는 뜻으로 사용되는데 in my opinion(제 생각에는), a far as I'm concerned(제가 아는 바로는), as long as I know 등과 바꾸어 쓸 수 있습니다. 물론, In my opinion보다는 To the best of my knowledge(제가 아는 한)가 의미상 더 세련된 표현입니다.

Dialogue English

Jason_
그녀를 믿을 수 있을까요?

Bob_
제가 아는 한, 그녀는 믿을 만해요.

Jason_
왜 그렇게 말씀하시죠?

Bob_
같은 고향 출신이거든요.

Talk Tip Why do you say that?이라는 표현보다 What makes you say that?이 좀더 영어다운 표현이 됩니다.

Pattern English

1. To the best of my knowledge, he is kind of picky.
2. To the best of my knowledge, it is a tough question.
3. As long as I know, he will hit the jackpot.
4. In my opinion, he is likely to stop smoking.
5. As far as I'm concerned, she doesn't like you.

1. 제 생각으로는, 그가 좀 깐깐한 것 같아요.
2. 제 생각으로는, 좀 대답하기 어려운 질문이네요.
3. 제 생각에는, 그는 성공할 겁니다.
4. 제가 생각하기로는, 그가 담배를 끊을 것 같습니다.
5. 제 생각에는, 그녀가 당신을 좋아하지 않아요.

124

If you were in my shoes, what would you do?

당신이 저라면 어떻게 하시겠어요?

상대방에게 자신의 고민을 털어놓고 허심탄회하게 얘기한 뒤 충고를 바랄 때 쓰는 표현으로 If you were in my shoes, what would you do?라고 하면 됩니다. 이럴 때 If I were you(제가 당신 입장이라면)라고 자연스럽게 운을 떼며 자신의 생각을 표현하면 됩니다.

Dialogue English

Jason_
찰리, 걱정스러워 보입니다. 무슨 문제죠?

Charlie_
이 프로젝트를 제때 끝내야 합니다. **당신이 저라면 어떻게 하시겠어요?**

Jason_
제가 당신이라면 미스터 김에게 도움을 요청할 겁니다.

Charlie_
충고 고마워요.

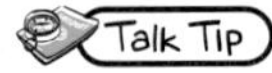
Talk Tip 「ask + 사람 + for some help」는 '누군가에게 도움을 요청하다'의 의미입니다.

Pattern English

1. If you were in my shoes, what would you do for the weekend?
2. If you were in my shoes, what would you study for your future?
3. If you were in my shoes, what would you eat at this Chinese restaurant?
4. If you were in my shoes, what would you buy as a birthday present?
5. If you were in my shoes, what would you do for your health.

1. 나라면 주말에 무엇을 할래요?
2. 나라면 미래를 위해 무엇을 공부할래요?
3. 나라면 이 중국 식당에서 무엇을 먹을래요?
4. 나라면 생일 선물로 무엇을 살래요?
5. 나라면 건강을 위해 무엇을 할래요?

125

If it's not too much trouble, would you be so kind to help me? 대단히 죄송하지만 저를 도와주시겠어요?

아주 공손한 표현으로 「If it's not too much trouble, would you be so kind to + 동사?」는 '대단히 죄송하지만 ~해 주시겠습니까?'의 뜻으로 부탁이 있거나 도움을 요청할 때 쓰는 공손한 표현입니다.

Dialogue English

Jason_

대단히 죄송하지만 저를 도와주시겠어요?

Billy_

물론이죠. 무엇을 도와 드릴까요?

Jason_

이 책상 옮기는 것을 도와주실 수 있나요?

Billy_

그럼요.

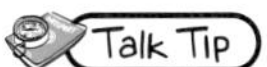

Talk Tip) 상대방으로부터 도움을 요청 받는 경우, What can I do for you?라고 되물을 수 있습니다.

Pattern English

1. If it's not too much trouble, would you be so kind to tell me your phone number?
2. If it's not too much trouble, would you be so kind to tell me your name?
3. If it's not too much trouble, would you be so kind to give me a call?
4. If it's not too much trouble, would you be so kind to give me a lift?
5. If it's not too much trouble, would you be so kind to wake me up at 6 in the morning?

1. 대단히 죄송하지만 전화번호 좀 말씀해 주시겠습니까?
2. 대단히 죄송하지만 성함 좀 말씀해 주시겠습니까?
3. 대단히 죄송하지만 저에게 전화를 주시겠습니까?
4. 대단히 죄송하지만 저 좀 태워주시겠습니까?
5. 대단히 죄송하지만 아침 6시에 저를 깨워주시겠습니까?

126

표현난이도 | ★ ★

I don't have the guts to propose to her.

용기가 없어서 그녀에게 청혼을 못합니다.

명사 guts는 원래 '용기, 배짱'을 의미하므로 「I don't have the guts to＋동사」라는 패턴은 '저는 ~을(를) 할 수 있는 용기(배짱)가 없어요'의 뜻으로 사용됩니다.

Dialogue English

Jason_
왜 여자 친구와 결혼하려고 하지 않나요?

Billy_
사실, 용기가 없어서 그녀에게 청혼을 못합니다.

Jason_
당신은 할 수 있습니다.

Billy_
알았어요. 한 번 해보죠.

Talk Tip 우리말에 '한 번 시도해보다'에 해당되는 영어 표현이 I'll give it a try[shot].입니다.

Pattern English

1. I don't have the guts to fight back.
2. I don't have the guts to dance in front of people.
3. I don't have the guts to tell you the truth.
4. I don't have the guts to give him a call.
5. I don't have the guts to go to New York alone.

1. 용기가 없어 맞서 싸우지 못하겠어요.
2. 용기가 없어 사람들 앞에서 춤을 못추겠어요.
3. 용기가 없어 당신에게 진실을 말 못하겠어요.
4. 용기가 없어 그에게 전화를 못하겠어요.
5. 용기가 없어 혼자서 뉴욕에 못 가겠습니다.

127

I'm sick and tired of pizza.

피자가 신물이 납니다.

우리말에 '~이(가) 정말 지겹다, 정말 신물이 난다'라는 표현이 있는데 이럴 때 영어로는 「I'm sick and tired of + 명사」라고 합니다. 간단하게 I'm sick of~, I'm tired of~라고 해도 괜찮습니다.

Dialogue English

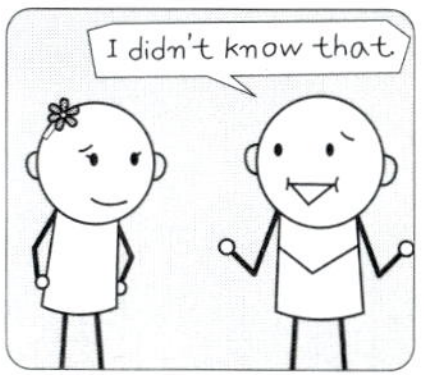

Jane_

어떤 음식을 좋아해요?

Billy_

피자가 제일 좋아요.

Jane_

정말이요? 저는 그런 음식을 다시는 안 먹을 거예요. **피자가 신물이 나요.**

Billy_

그런 줄 몰랐어요.

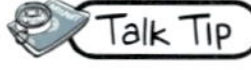

(Talk Tip) 보통 What kind of food do you enjoy?라고 하면 '어떤 음식을 좋아합니까?(즐기십니까?)'의 의미로 사용됩니다.

Pattern English

1. I'm sick and tired of living alone.
2. I'm sick and tired going on a business trip
3. I'm sick and tired of using my old computer.
4. I'm sick and tired of living in Seoul.
5. I'm sick and tired of catching a taxi in Seoul.

1. 혼자 사는 게 정말 지겹습니다.
2. 출장가는 것이 정말 신물이 납니다.
3. 옛 컴퓨터를 사용하기가 지겨워졌어요.
4. 서울에서 사는 게 지겨워요.
5. 서울에서 택시를 잡는 게 하늘에 별 따기입니다.

128

I haven't been exercising because I can't be bothered.

귀찮아서 운동을 안 하고 있었습니다.

because I can't be bothered는 '귀찮기 때문에'라는 의미로 '귀찮게 하다'라는 뜻의 동사인 bother를 이용한 중요한 표현입니다.

Dialogue English

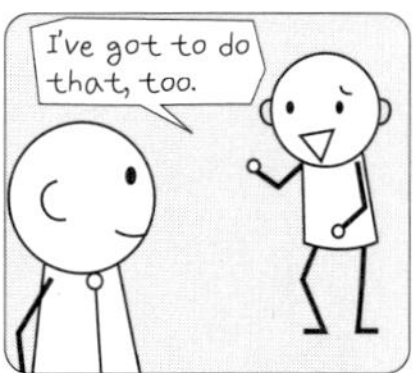

Jason_
운동을 해왔나요?

Billy_
아뇨, 귀찮아서 안하고 있었어요.
당신은요?

Jason_
매일 운동하려고 해요.

Billy_
나도 그래야겠어요.

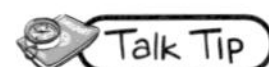

Talk Tip) work out은 '해결하다'라는 의미 이외에도 상황에 따라서 '운동하다'라는 뜻으로 사용될 수 있습니다.

Pattern English

1. I haven't been dating anyone because I can't be bothered.
2. I haven't been fixing my computer because I can't be bothered.
3. I haven't been cleaning my room because I can't be bothered.
4. I haven't been washing my car because I can't be bothered.
5. I haven't been calling them because I can't be bothered.

1. 귀찮아서 누구하고도 사귀지 않았어요.
2. 귀찮아서 컴퓨터를 고치지 않고 있었어요.
3. 귀찮아서 방 청소를 안 하고 있었어요.
4. 귀찮아서 세차를 하지 않고 있었죠.
5. 귀찮아서 그들에게 전화 안 하고 있었던 거예요.

I don't know what to do to kill time.

시간을 보내기 위해 뭘 할지 모르겠어요.

아무런 할 일도 없이 시간을 때워야 하는 경우 영·미인들은 kill time이라고 하는데 여기서 동사 kill은 '(시간을) 때우다, 보내다'의 의미로 이해하면 됩니다.

<표현난이도 : ★ ★>

Dialogue English

Jason_
다음 기차가 도착하려면 얼마나 있어야 되죠?

Jane_
대략 한 시간 정도요.

Jason_
그러면 무엇을 할 겁니까?

Jane_
글쎄요, 다음 기차가 도착할 때까지 **시간을 보내기 위해 뭘 해야 할지 모르겠어요.**

Talk Tip 표현 중에 「How long will it be before 주어＋동사?」는 '～하려면 얼마나 있어야 되죠?'의 뜻입니다.

Pattern English

1. I don't know what to do to get in touch with him.
2. I don't know what to do in my leisure time.
3. I don't know what to do to fix this car.
4. I don't know what to do to find a solution to the problem.
5. I don't know what to do to lose weight.

1. 그와 연락하기 위해 무엇을 해야 할지 모르겠어요.
2. 제 여가 시간에 무엇을 해야 할지 모르겠군요.
3. 이 차를 고치기 위해 무엇을 해야 할지 모르겠어요.
4. 문제 해결책을 찾기 위해 무엇을 해야 할지 모르겠습니다.
5. 살빼기 위해 무엇을 해야 할지 모르겠어요.

130

How do you think I feel?

제 기분이 어떨 것 같습니까?

How do you think 다음에는 「주어+동사」의 문장이 와야 합니다. 보통 What do you think 다음에는 전치사 of 또는 about이 바로 나올 수가 있지만 How do you think 뒤에는 반드시 「주어+동사」의 문장이 나온다는 사실을 기억해 두세요.

Dialogue English

Jason_

또 시험에 떨어졌어요.

Billy_

오, 안됐군요.

Jason_

제 기분이 어떨 것 같습니까?

Billy_

글쎄요, 황당하겠죠. 하지만 세상이 끝난 건 아니 잖아요. 기운을 내요.

(Talk Tip) 상대방을 위로할 때 Keep your chin up.이라고 하는데 간단하게 Chin up! Cheer up!이라고 해도 좋습니다.

Pattern English

1. How do you think I feel at this moment?
2. You left me behind all of a sudden. How do you think I feel?
3. You broke your promise again. How do you think I feel?
4. I broke up with Jane yesterday. How do you think I feel?
5. I lost my wallet on my way home. How do you think I feel?

1. 이 순간 내 맘이 어떨 것 같아?
2. 갑자기 날 두고 떠났어. 내 맘이 어떻겠니?
3. 약속 또 어겼네. 내 기분이 어떨 것 같니?
4. 제인과 어제 헤어졌어. 내 맘이 어떨 것 같아?
5. 집에 오는 길에 지갑을 잃어 버렸어. 내 기분이 어떻겠니?

Let's take a **Review**

Review 13

121. 휴대폰이 없으면 불안합니다. (without, I, uneasy, feel, my, phone, cell)

____.

122. 어림도 없는 소리야. (a, not, chance)

____.

123. 내가 아는 한 (my, best, to, knowledge, the, of)

____.

124. 당신이 저라면 어떻게 하시겠어요?

(do, in, you, were, would, my, if, you, what, shoes)

____?

125. 대단히 죄송하지만 저를 도와주시겠습니까?

(if, you, thouble, help, much, not, too, me, would, it's, kind, to, so, be)

____?

126. 용기가 없어서 그녀에게 청혼을 못합니다.

(her, don't, I, have, guts, propose, to, to, the)

____.

127. 피자가 신물이 납니다. (I'm, pizza, sick, tired, of, and)

____.

128. 귀찮아서 운동을 안하고 있었습니다.

(I, bothered, haven't, been, exercising, I, because, be, can't)

____.

129. 시간을 보내기 위해 뭘 할지 모르겠어요.

(I, do, don't, kill, time, what, to, know, to)

____.

130. 제 기분이 어떨 것 같습니까? (how, I, you, feel, do, think)

____?

Step 14

131. **I was so passed out.**
완전히 필름이 끊겼어.

132. **I'm trying to go easy on the coffee.**
커피 좀 줄이려고 합니다.

133. **Please watch your step.**
발 조심 하세요.

134. **Not a word to anyone about it.**
아무에게도 얘기하지 마.

135. **I'm calling to ask you if you'd like to have dinner with me.**
저녁 식사 같이 할 수 있는지 알고 싶어 전화했어요.

136. **That's new to me.**
금시초문이에요.

137. **You're telling me.**
정말 그래.

138. **What seems to be wrong with your car?**
차에 무슨 문제라도 있나요?

139. **I'm on a first name basis with him.**
그와 친한 사이입니다.

140. **I've heard a lot about you from your boss.**
당신 사장님으로부터 말씀 많이 들었습니다.

131

I was so passed out.

완전히 필름이 끊겼어.

술에 너무 취해서 아무것도 기억이 나지 않을 때 우리는 종종 '완전히 취했어, 완전히 필름이 끊겼어'
라고 말을 합니다. 이럴 때 영어로 어떻게 표현할 수 있을까요? 쉽게 I got drunk.라고 해도 되지만
I was so passed out. 또는 I got blacked out.이라고 표현하면 됩니다.

Dialogue English

Jason_
어젯밤 술을 얼마나 마셨어?

Billy_
어젯밤에 좀 과음을 했지.

Jason_
혹시 술에 취했니?

Billy_
응, **완전히 필름이 끊겼어.**

 **Talk Tip** 영어로 drink like a fish라고 하면 '술 고래다, 술을 많이 마신다'라는 의미입니다.

Pattern English

1. I can't remember anything now because I completely passed out yesterday.
2. I wonder what I did last night. I completely passed out.
3. My coworker completely passed out because he drank too much.
4. He got blacked out last night. That's why he was late for work.
5. Your manager got blacked out, didn't he?

1. 어제 너무 취해서 지금 아무것도 기억이 안 나.
2. 지난밤 내가 뭘 했는지 모르겠어. 완전히 필름이 끊겼네.
3. 내 동료가 술을 너무 많이 마셔서 완전히 취해버렸어.
4. 그는 지난밤 완전히 취했어. 그래서 직장에 늦었다니깐.
5. 당신 매니저 완전히 취했죠, 그렇죠?

132

I'm trying to go easy on the coffee.

커피 좀 줄이려고 합니다.

영어로 go easy on~은 '~을(를) 적당히 해요, ~좀 봐주세요'의 뜻입니다. 그래서 go easy on the coffee.라고 하면 '커피 좀 적당히 드십시오.'라는 의미가 됩니다.

Dialogue English

Rachael_
커피 한 잔 마시고 싶군요. 커피 한 잔 할래요?

Billy_
괜찮아요. 오늘 아침에 이미 한 잔 마셨습니다.

Rachael_
한 잔 더 마신다고 어떻게 되나요?

Billy_
사실, **커피 좀 줄이려고 해요.**

Talk Tip 보통 I feel like drinking a cup of coffee.라고 하지만 좀더 간단하게 표현하면 I feel like a coffee.가 됩니다.

Pattern English

1. I'm trying to go easy on the booze.
2. I'm trying to go easy on the ice cream.
3. I'm trying to go easy on the makeup.
4. I'm trying to go easy on the overeating.
5. I'm trying to go easy on Mike.

1. 맥주를 좀 적당히 마시려고 합니다.
2. 아이스크림을 적당히 먹으려고 합니다.
3. 화장을 가볍게 하려고 해요.
4. 과식 좀 그만하려고 해요.
5. 마이크에게 너무 심하게 하지 않으려고 노력 중입니다.

133

Please watch your step.

발 조심 하세요.

가끔 전철이나 버스와 같이 대중교통을 이용하는 경우가 있는데 그때 방송을 통해서 자주 듣는 표현이 바로 Please watch you step.입니다. 우리말로 '발 조심 하십시오.'가 됩니다.

Dialogue English

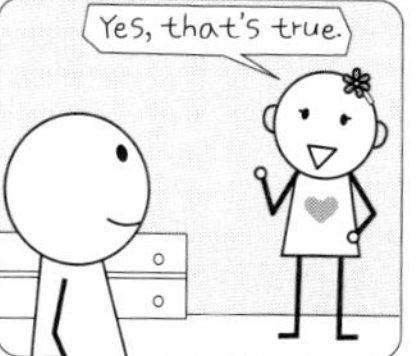

Michael_
집이 정말 근사하군요.

Luna_
고맙습니다. 여기가 부엌인데 **발 조심하세요.**
약간 미끄러워요.

Michael_
방금 전에 바닥을 닦은 모양이군요.

Luna_
네, 맞아요.

Talk Tip 형용사 awesome에는 '어마어마한, 굉장한, 경탄할 만한'이라는 뜻이 있어 '기막히게 좋다'는 의미로 구어에서 자주 쓰입니다.

Pattern English

1. Please watch your step when you get off the train.
2. Please watch your step when you cross the street.
3. Please watch your step when you walk down the stairs.
4. Please watch your language.
5. Please watch your head when you enter this low doorway.

1. 기차에서 내릴 때 발 조심하세요.
2. 길 건널 때 발 조심하세요.
3. 계단을 내려갈 때 발 조심하세요.

4. 말 좀 삼가세요.
5. 이 낮은 출입구에 들어올 때 머리 조심하세요.

134

Not a word to anyone about it.

아무에게도 얘기하지 마.

비밀이나 말 못할 고민을 상대방에게 얘기한 후 '아무에게도 얘기하지 마'라고 당부의 말을 하고 싶을 때, 영어로는 Not a word to anyone about it.이라고 하면 됩니다.

Dialogue English

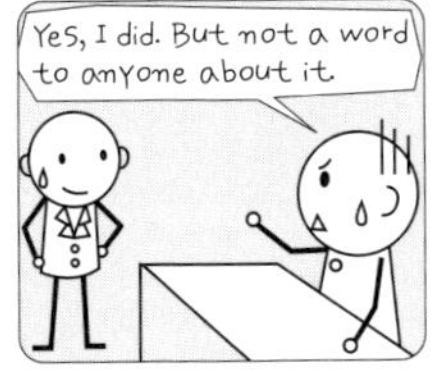

Jason_
찰리, 오늘 기분이 어때?

Charlie_
최악이야.

Jason_
왜 그래? 시험에 또 떨어졌어?

Charlie_
맞아. 하지만 **아무에게도 얘기하지 마.**

(Talk Tip) 자신의 기분을 나타내는 표현 중에 Couldn't be worse(better).는 '(기분이) 최악(최고)이야.'라는 뜻입니다.

Pattern English

1. Not a word to them about it.
2. Not a word to my boyfriend about it.
3. Not a word to my girlfriend who is talkative about it.
4. Not a word to my manager working with me about it.
5. Not a word to Windy in the accounting department about it.

1. 그들에게 말하지 마.
2. 내 남자 친구에게 말하지 마.
3. 말 많은 내 여자 친구에게 얘기하지 마.
4. 나와 함께 일하고 있는 내 매니저에게 아무 말도 하지 마.
5. 경리부에 있는 윈디에게 말하지 마.

135

표현난이도 ★★

I'm calling to ask you if you'd like to have dinner with me.

저녁 식사 같이 할 수 있는지 알고 싶어 전화했어요.

상대방에게 전화를 건 후 정중하게 「I'm calling to ask you if you'd like to+동사」의 구문을 이용하여 전화한 용건을 말하면 좋습니다. 동사만 바꿔 다양하게 표현할 수 있습니다.

Dialogue English

Peter_

미스터 박과 통화를 할 수 있을까요?

Mr. Park_

접니다.

Peter_

안녕하세요, 피터입니다. **저와 저녁 식사를 함께 할 수 있는지 궁금해서 전화했어요.**

Mr. Park_

글쎄요. 우선 제 스케줄을 확인해 보죠.

 **Talk Tip** 전화상에서 Speaking.이라고 하면 '접니다, 바로 접니다'라는 뜻입니다.

Pattern English

1. I'm calling to ask you if you'd like to go swimming tomorrow.
2. I'm calling to ask you if you'd like to study abroad.
3. I'm calling to ask you if you'd like to join me for dinner tonight.
4. I'm calling to ask you if you'd like to play tennis this afternoon.
5. I'm calling to ask you if you'd like to get some fresh air.

1. 내일 수영을 하고 싶은지 알고 싶어 전화했어요.
2. 해외에서 공부를 하고 싶은지 알고 싶어 전화했어요.
3. 오늘밤 저와 저녁 식사 하고 싶은지 알고 싶어 전화했어요.
4. 오늘 오후에 테니스를 치고 싶은지 알고 싶어 전화했어요.
5. 바람 좀 쐬고 싶은지 알고 싶어 전화했어요.

136

표현난이도 | ★ ★

That's new to me.

금시초문이에요.

어떤 사실을 전혀 몰랐다가 새롭게 알았을 때 '금시초문입니다, 처음 듣습니다, 처음 접해봅니다, 아무도 얘기하지 않았습니다'라고 말을 하게 되는데 영어로는 That's new to me.라고 하면 됩니다. 다시 말해서 외국인과 대화를 나누다가 좀 색다른 소식을 접하게 되는 경우 That's new to me.라고 하면서 반응을 보여주면 좋습니다.

Dialogue English

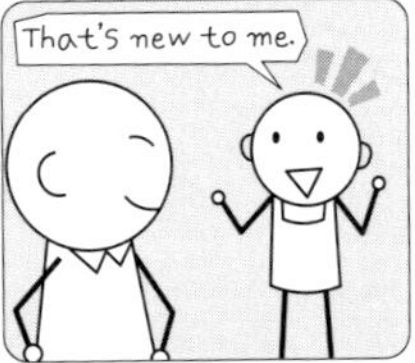

Jason_
영화 보러 갈래요?

Billy_
좋습니다. 어떤 영화를 좋아하시나요?

Jason_
코미디 영화를 좋아합니다. 짐 캐리는 제가 제일 좋아하는 할리우드 배우입니다.

Billy_
처음 듣는 얘기네요.

Talk Tip '그거 좋아'라는 의미의 (It) sounds great[good/wonderful/fantastic]은 동의를 표할 때 자주 쓰입니다.

Pattern English

1. This exotic food is new to me.
2. The movie you like most is new to me.
3. The book you are reading is new to me.
4. The fact you quit the job is new to me.
5. That you don't like him is new to me.

1. 이 이국적인 음식은 처음이야.
2. 네가 제일 좋아한다는 영화는 처음 들었어.
3. 네가 읽고 있는 그 책은 처음 들어.
4. 네가 직장을 그만두었다는 사실은 처음 듣거든.
5. 네가 그를 좋아하지 않는다는 얘기는 처음 들어.

137

You're telling me.

정말 그래.

이 표현은 아랫사람이나 친구의 의견에 동의하거나 맞장구칠 때 쓰는 말로 '그래, 네 말이 맞아, 누가 아니래, 당연하지, 정말 그래'라는 의미입니다. 만약 윗사람에게 이 표현을 사용하게 되면 무척 가볍게 보일 수 있으므로 주의해서 사용해야 합니다.

Dialogue English

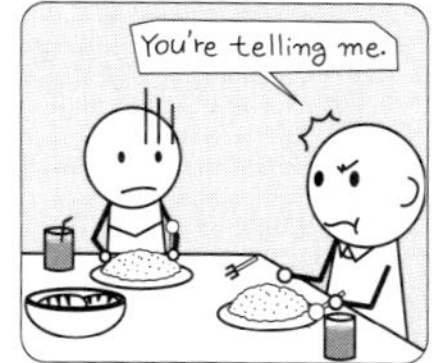

Jason_
이 음식 정말 맛없어.

Billy_
내 말이 그말이야.

Jason_
뭔가 잘못된 것 같아. 맛이 이상해.

Billy_
정말 그렇구나.

Talk Tip 영어로 It doesn't taste right.라고 하면 '맛이 이상해.'라는 뜻입니다.

Pattern English

1. He is a little picky. - You're telling me.
2. He is too demanding. - You're telling me.
3. He is out of his mind. - You're telling me.
4. Money burns a hole in his pocket. - You're telling me.
5. What a day! - You're telling me.

1. 그는 약간 깐깐해. - 정말 그래.
2. 그는 요구하는 것이 너무 많아. - 정말 그래.
3. 그는 미쳤어. - 정말 그래.

4. 그는 돈을 물 쓰듯이 해. - 정말 그래.
5. 정말 힘겨운 날이야! - 정말 그래.

138

표현난이도 | ★ ★

What seems to be wrong with your car?

차에 무슨 문제라도 있나요?

기본적인 영어 패턴인 「What seems to be wrong with A?」에서 A자리에 문제가 있는 대상을 나타내는 어휘를 넣으면 얼마든지 다양한 문장을 만들어 대화할 수 있습니다.

Dialogue English

Jason_
차에 무슨 문제라도 있나요?

Billy_
또 고장났습니다.

Jason_
가장 가까운 자동차 수리점에 가져가 보시죠?

Billy_
좋은 생각 같아요.

Talk Tip break down은 '고장나다'라는 뜻으로 out of order로 표현해도 됩니다.

Pattern English

1. What seems to be wrong with your radio?
2. What seems to be wrong with your computer that you bought yesterday?
3. What seems to be wrong with your bicycle?
4. What seems to be wrong with your television? Did it break down again?
5. What seems to be wrong with your cell phone?

1. 라디오가 고장난 거예요?
2. 어제 산 컴퓨터에 무슨 문제라도 있나요?
3. 자전거에 무슨 문제라도 있나요?
4. 텔레비전에 무슨 문제라도 있나요? 또 고장 났어요?
5. 핸드폰에 무슨 문제라도 있나요?

139

I'm on a first name basis with him.

그와 친한 사이입니다.

영어로 '아주 친한 사이다'를 be on a first name basis라고 합니다. 여기에 나오는 first name은 바로 우리말에 '이름'에 해당됩니다. 우리가 친한 사이에서 이름을 부르듯이 '이름을 부르는 사이' 즉, '친한 사이'라는 뜻이 됩니다.

Dialogue English

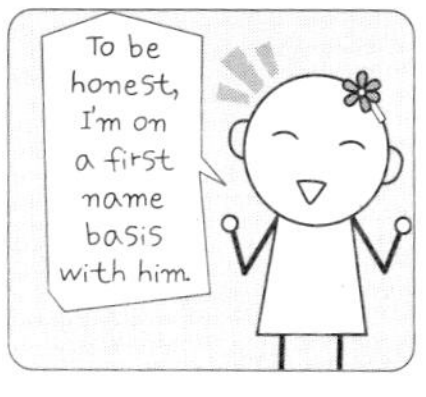

Jason_
오늘 아침에 데이비드를 만났나요?

Susan_
물론이죠, 그는 온화하며 친절합니다.

Jason_
어떻게 그렇게 잘 알죠?

Susan_
솔직히 말하면, **그와 친한 사이입니다.**

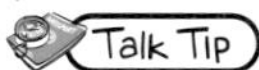 Talk Tip   '솔직히 말하면'에 해당되는 영어 표현으로는 to be honest, to tell the truth, frankly 등이 있습니다.

Pattern English

1. I'm on a first name basis with Tom who's working with you.
2. I'm on a first name basis with Jane. We've been friends for years.
3. I'm on a first name basis with John in the sales department.
4. I'm on a first name basis with Mike. He is friendly and smart.
5. I'm on a first name basis with Julie. That's because she is outgoing.

1. 당신과 함께 일하는 톰과 친한 사이입니다.
2. 제인과 친한 사이입니다. 우리는 오랫동안 친구였어요.
3. 영업부에 있는 존과 친한 사이입니다.
4. 마이크와 친한 사이입니다. 그는 다정하고 똑똑해요.
5. 줄리와 친한 사이입니다. 그녀가 활발하기 때문이에요.

140

I've heard a lot about you from your boss.

당신 사장님으로부터 말씀 많이 들었습니다.

가끔 다른 사람들과 처음 인사를 나누게 될 때 우리는 '~로부터 당신에 대해서 말씀 많이 들었습니다'라는 말을 자주 하게 되는데 영어로는 I've heard a lot about you from~ 이라고 표현합니다.

Dialogue English

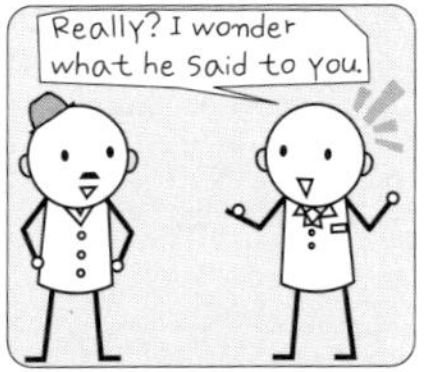

Jason_
만나 뵙게 되어서 기쁩니다.

Billy_
만나 뵙게 되어서 영광이에요.

Jason_
당신 사장님으로부터 말씀 많이 들었습니다.

Billy_
정말인가요? 무슨 말씀을 하셨는지 궁금하네요.

Talk Tip) 「It's my honor to + 동사」는 '~하게 되어 영광이다'라는 표현입니다.

Pattern English

1. I've heard a lot about you from Mike, your manager.
2. I've heard a lot about you from Douglas who's working here.
3. I've heard a lot about you from your coworker, Tony.
4. I've heard a lot about you from your friend in New York.
5. I've heard a lot about you from your husband.

1. 당신 매니저인 마이크가 당신 얘기를 많이 했습니다.
2. 여기서 일하는 더글러스로부터 당신 얘기 많이 들었습니다.
3. 당신 동료인 토니한테 얘기 많이 들었어요.
4. 뉴욕에 있는 당신 친구가 당신에 대해 많은 얘기를 했어요.
5. 당신 남편이 당신 얘기 많이 했어요.

Let's take a **Review**

131. 완전히 필름이 끊겼어. (out, passed, I, so, was)

____.

132. 커피 좀 줄이려고 합니다. (I'm, the, coffee, trying, to, easy, go, on)

____.

133. 발 조심 하세요. (please, your, watch, step)

____.

134. 아무에게도 얘기하지 마. (it, about, anyone, a, not, word, to)

____.

135. 저녁 식사 같이 할 수 있는지 알고 싶어 전화했어요.
(with, me, I'm, calling, if, you'd, to, like, dinner, have, ask, you, to)

____.

136. 금시초문인데요. (me, that's, to, new)

____.

137. 정말 그래. (me, you're, telling)

____.

138. 차에 무슨 문제라도 있나요?
(your, car, what, seems, wrong, with, be, to)

____?

139. 그와 친한 사이입니다. (him, basis, I'm, on, with, name, first, a)

____.

140. 당신 사장님으로부터 말씀 많이 들었습니다.
(boss, your, I've, heard, about, you, from, a lot)

____.

Step 15

141. **Please give me a round trip ticket to Busan.**
부산까지 왕복권 한 장 주세요.

142. **I'll tell you what.**
이렇게 합시다.

143. **Wish me luck.**
행운을 빌어 줘요.

144. **Are you game?**
너도 같이 할래?

145. **How many times do I have to tell you?**
몇 번이나 말해야 하나요?

146. **I have money to burn.**
저는 돈이 많아요.

147. **Is it you, David?**
이게 누구야, 데이비드 아냐?

148. **I just wanted to let you know my new address.**
새 주소를 알려주려고 했을 뿐입니다.

149. **I have a skeleton in my closet.**
저는 말 못할 비밀이 있어요.

150. **That's too personal.**
대답하기가 좀 곤란하네요.

141

표현난이도 ★ ★

Please give me a round trip ticket to Busan.

부산까지 왕복권 한 장 주세요.

여행을 하기 위해 버스나 기차, 비행기 등의 운송수단을 이용해야 할 때 표(ticket)를 구입하기 위해 위의 표현을 사용하면 좋습니다. 차표에는 One-way ticket(편도 차표), Round-trip ticket(왕복표)이 있다는 것도 함께 알아두시면 좋습니다.

Dialogue English

Staff_
무엇을 도와 드릴까요?

Customer_
인천까지 왕복표 한 장 주세요.

Staff_
여기 있어요.

Customer_
고맙습니다.

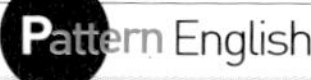
Talk Tip · 상대방에게 감사를 표현하는 Thanks a million.이나 I owe you(one).도 함께 익혀두세요.

Pattern English

1. Please give me a one-way ticket to Ulsan.
2. Please give me a round-trip ticket to Seoul.
3. Two round-trip tickets to Busan, please.
4. A one-way ticket to Tokyo, please.
5. Please give me a round-trip ticket to New York.

1. 울산까지 편도 한 장 주세요.
2. 서울까지 왕복표 한 장 주세요.
3. 부산까지 왕복표 두 장 주세요.

4. 도쿄까지 편도표 한 장 주세요.
5. 뉴욕까지 왕복표 한 장 주세요.

142

I will tell you what.

이렇게 합시다.

대화에서 서로간의 의견이 분분하여 합의에 이르지 못하고 갈팡질팡하고 있을 때 분위기를 일신하기 위해서 새로운 의견을 제시하게 됩니다. 이럴 때, 상황을 전환하기 위해 I will tell you what.이라고 말을 꺼낼 수 있는데, 의미는 '이렇게 합시다, 제가 얘기하죠, 이렇게 하는 게 어떨까요?'입니다.

Dialogue English

Jason_

무엇을 먼저 해야 할지 모르겠군요.

Billy_

이렇게 합시다. 저녁 먹으면서 문제를 토론하는 게 어떨까요?

Jason_

괜찮군요. 몇 시에 만날까요?

Billy_

우체국 앞에서 7시에 만납시다.

> **Talk Tip**) 우리말에 '몇 시에 만날까요?'에 해당되는 영어 표현이 What time shall we make it?입니다.

Pattern English

1. I'll tell you what. Let's take a break for a moment.
2. I'll tell you what. Let's go for a walk.
3. I'll tell you what. Let's reschedule our meeting.
4. I'll tell you what. I'll give him a call immediately.
5. I'll tell you what. How about doing it again?

1. 자, 이렇게 합시다. 잠시 동안 쉽시다.
2. 자, 이렇게 합시다. 산책을 하죠.
3. 자, 이렇게 합시다. 우리 모임을 재조정합시다.
4. 자, 이렇게 합시다. 그에게 즉시 전화할게요.
5. 자, 이렇게 합시다. 다시 하는 게 어떨까요?

143

Wish me luck.

행운을 빌어 줘요.

중대한 일을 앞두고 있을 경우, 우리는 '행운을 빌어 줘요'라는 말을 자주 하게 되는데 영어로는 Wish me luck.이라고 하며, 이 표현은 아주 친한 관계에서만 사용합니다.

Dialogue English

Jason_

대학 졸업 후 무엇을 할 계획인가요?

Billy_

해외에서 공부를 할 계획이에요. **행운을 빌어 줘요.**

Jason_

행운이 있기를 빌게요.

Billy_

정말 고마워요.

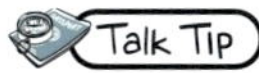 **Talk Tip** 보통 I'll have my fingers crossed for you.라고 하면 '행운을 빌겠습니다.'라는 의미가 됩니다.

Pattern English

1. I'm going to propose to her tonight. Wish me luck.
2. I'm going to take my driving test again. Wish me luck.
3. I'm going to have a job interivew tomorrow. Wish me luck.
4. I will make a speech tomorrow. Wish me luck.
5. I'll get through. Wish me luck.

1. 오늘밤 그녀에게 프로포즈를 할 겁니다. 행운을 빌어 줘요.
2. 다시 운전면허 시험을 봅니다. 행운을 빌어 줘요.
3. 저는 내일 면접을 볼 예정이에요. 행운을 빌어 줘요.
4. 저는 내일 연설을 할 겁니다. 행운을 빌어 줘요.
5. 저는 할 수 있을 겁니다. 행운을 빌어 줘요.

144

Are you game?

너도 같이 할래?

명사인 game이 형용사로 사용되면 '~할 수 있는, ~을 할 용의가 있는'이라는 의미로 ready, willing 과 같은 뜻이 됩니다. 보통 가볍고 재미있는, 오락성이 짙은 일을 할 생각이 있냐고 물을 때 game을 쓰면 좋습니다.

Dialogue English

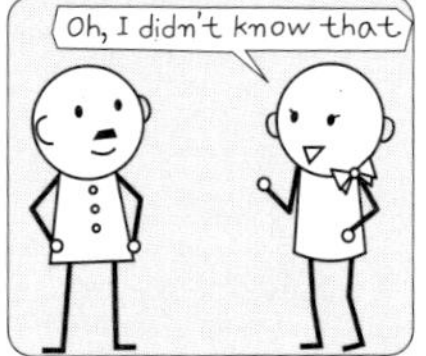

Jason_
춤추고 싶은데, **같이 출래요?**

Jane_
춤이라면, 저는 몸치예요. 당신은요?

Jason_
저는 춤을 잘 춰요. 그리고 모든 종류의 음악을 좋아해요.

Jane_
오, 몰랐어요.

Talk Tip | I have two left feet.이라는 표현은 '난 몸치야, 춤에 소질 없어'라는 뜻입니다.

Pattern English

1. I'm going out to eat. Are you game?
2. I'm going to go watch a movie. Are you game?
3. I'm going to grab a beer. Are you game?
4. I'm ready to tackle the dishes. Are you game?
5. I'm ready to hike up the hill. Are you game?

1. 나가서 식사할 건데, 같이 갈래?
2. 난 영화 볼 건데, 너도 갈래?
3. 난 맥주 한잔하려고 해. 같이 마실래?
4. 설거지 할 준비가 됐는데, 좀 도와줄래?
5. 등산 갈 준비가 됐는데, 같이 갈래?

145

How many times do I have to tell you?

몇 번이나 말해야 하나요?

시험에도 자주 등장하고 일상에서도 자주 사용할 수 있는 회화 패턴 중에 하나입니다. 「How many times do I have to + 동사?」의 패턴에서 동사만 바꾸어 넣어 '얼마나 ~ 해야 합니까?'라는 의미를 다양하게 표현할 수 있습니다.

Dialogue English

Jason_

성함이 뭐였죠?

Bob_

몇 번이나 말해야 하나요?

Jason_

있잖아요, 제 기억력이 조금은 예전 같지 않아요.

Bob_

그냥 밥이라 불러주세요.

(Talk Tip) My memory is a little rusty.에서 rusty는 '녹슨, 예전같지 않은'이라는 뜻입니다.

Pattern English

1. How many times do I have to tell you my name?
2. How many times do I have to try?
3. How many times do I have to go there?
4. How many times do I have to call her?
5. How many times do I have to contact him?

1. 이름을 얼마나 말해야 됩니까?
2. 얼마나 더 시도해야 하죠?
3. 그곳에 제가 몇 번이나 가야합니까?
4. 그녀에게 얼마나 전화해야 하나요?
5. 얼마나 그와 연락해야 됩니까?

146

표현난이도 | ★ ★

I have money to burn.

저는 돈이 많아요.

문장을 그대로 직역하면 '태울 돈이 있다.'가 되지만 보통 I have a lot of money. 또는 I have much money.와 똑같은 의미입니다.

Dialogue English

Jason_

토니! 당신은 돈을 물 쓰듯 하고 있어요.

Tony_

그렇게 생각하는 이유가 뭐죠?

Jason_

옷 구입하는 데 너무 많은 돈을 쓰고 있잖아요.

Tony_

사실, **저는 돈이 많아요.**

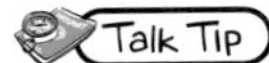 Talk Tip) 우리말에 '돈을 물 쓰듯 하는군요.'에 해당되는 영어 표현이 Money burns a hole in your pocket.입니다.

Pattern English

1. Mike has money to burn. He buys everything he wants.
2. I have money to burn. I mean, I can buy whatever I want.
3. Jenny has money to burn. Money burns a hole in her pocket.
4. You have money to burn. But I think you're such a cheapskate.
5. He has money to burn, but he's so cheap.

1. 마이크는 돈이 많아요. 그는 원하는 건 다 사요.
2. 난 돈이 많아. 내 말은, 원하는 건 다 살 수 있어.
3. 제니는 돈이 많아요. 그녀는 돈을 물 쓰듯 합니다.
4. 너는 돈이 많아. 하지만 넌 짠돌이 같아.
5. 그는 돈이 많지만 너무 인색해요.

147

Is it you, David?

이게 누구야? 데이비드 아냐?

오랜만에 만난 친구에게 쓸 수 있는 말로 '이게 누구야? 누구 누구 아니니?'라는 표현은 영어로 Look who is here! 또는 Is it you?라고 합니다. 그러므로 '이게 누구야? 데이비드 아냐?'는 Is it you, David?라고 하면 됩니다. 물론 오랜만에 만난 사람에게 Well, Well, Well이라고 하는 경우도 있으나 이 표현은 다소 부정적인 분위기에서 사용됩니다.

Dialogue English

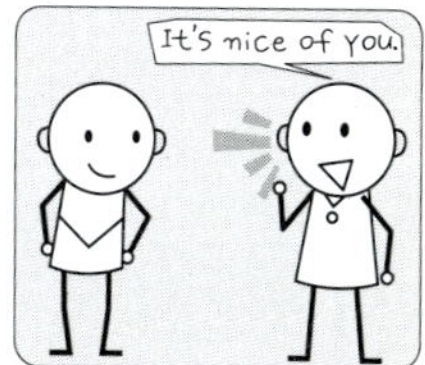

Jason_

이게 누구야? 데이비드 아냐?

David_

이게 웬일이니! 정말 오랜만이야! 어떻게 지냈어?

Jason_

잘 지냈지. 데이비드, 그대로구나.

David_

고마워.

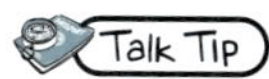
Talk Tip 보통 I haven't seen you in ages.라고 하면 Long time, no see.처럼 '정말 오랜만입니다'의 뜻으로 사용됩니다.

Pattern English

1. Is it you, Molly! Long time no see.
2. Is it you, Mike! It's been a long time since I saw you last.
3. Is it you, Jane! It's hard to catch you.
4. Is it you, Bob! You're quite a stranger.
5. Is it you, Tom! I haven't seen you for ages. How have you been?

1. 이게 누구야, 몰리 아냐? 오랜만이네.
2. 이게 누구야, 마이크 아냐? 정말 오랜만이야.
3. 이게 누구야, 제인 아냐? 얼굴 보기 어렵다.
4. 이게 누구야, 밥 아냐? 오랜만이야.
5. 이게 누구야, 톰 아냐? 정말 오랜만이야. 어떻게 지냈니?

148

표현난이도 | ★ ★

I just wanted to let you know my new address.

새 주소를 알려주려고 했을 뿐입니다.

일상생활에서 자주 등장하는 표현으로 「I just wanted to let you + 동사」는 '당신에게 ~하려고 했을 뿐입니다'의 뜻입니다. 「let + 목적어 + 동사」는 '목적어가 ~하게 두다'라는 표현이므로 함께 익혀 두세요.

Dialogue English

Bob_

오늘 아침에 왜 전화를 했는지 물어봐도 될까요?

Sally_

제 새 주소를 알려주려고요.

Bob_

새 주소요?

Sally_

네, 맞아요. 최근에 새 아파트로 이사를 했거든요.

Talk Tip 상대방에게 정중하게 이유를 묻고 싶다면 May I ask why you ~?라고 질문을 하면 됩니다.

Pattern English

1. I just wanted to let you go home.
2. I just wanted to let you do that way.
3. They just wanted to let me make my decision.
4. He just wanted to let me be alone.
5. I just wanted to let you know my name.

1. 당신이 집에 가도록 해주고 싶었을 뿐입니다.
2. 당신이 그런 식으로 하도록 해주고 싶었을 뿐입니다.
3. 그들은 내가 결정하도록 해주고 싶었을 뿐입니다.
4. 그는 단지 나를 혼자 있게 해주고 싶었을 뿐이다.
5. 제 이름을 알려주고 싶었을 뿐입니다.

149

I have a skeleton in my closet.

저는 말 못할 비밀이 있어요.

skeleton에는 '해골'이라는 뜻이 있어서 그대로 직역하면 '나는 옷장에 해골을 숨겨놓고 있다'로 만약 옷장에 해골을 숨겨 놓았다면 그 사실을 누군가에게 얘기하지 못할 것입니다. 그래서 특히 수치스러운 비밀이 있어서 말하기 어려운 경우에 I have a skeleton in my closet.이라고 합니다.

Dialogue English

Nina_
존, 무슨 일인가요? 근심이 있는 것처럼 보이네요.

John_
있잖아요, **저는 말 못할 비밀이 있어요.**

Nina_
그게 뭔데요? 원하면, 내게 말해도 돼요.

John_
글쎄요, 말하지 않는 편이 좋겠어요.

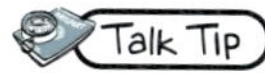 Talk Tip 상대방의 질문에 대답하기 곤란한 경우에 I'd prefer to keep it my confidential.이라고 대답하면 됩니다.

Pattern English

1. Mike has a skeleton in his closet.
2. You seem to have a skeleton in your closet. Just spit it out.
3. Sunny has a skeleton in her closet, but I don't want to know it.
4. My wife has a skeleton in her closet. I wonder what it is.
5. They say you have a skeleton in your closet. Is that true?

1. 마이크는 말 못할 비밀이 있습니다.
2. 당신은 말 못할 비밀이 있는 것 같아요. 그냥 말해봐요.
3. 써니는 말 못할 비밀이 있습니다. 하지만 나는 알고 싶지 않아요.
4. 제 아내는 말 못할 비밀이 있습니다. 그게 뭔지 궁금해요.
5. 말 못할 고민이 있다고 하던데, 사실이에요?

150

That's too personal.

대답하기가 좀 곤란하네요.

형용사인 personal에는 '개인적인, 사적인'이라는 뜻 이외에도 '개인의 사생활에 관한'이라는 뜻도 있습니다. 상대방이 자신에게 대답하기 곤란한 질문을 해서 답변하기가 쑥쓰러운 경우에 That's too personal.이라고 답하여 상황을 피해가면 좋습니다. 흔히 영·미인들에게는 나이나 결혼여부를 묻는 경우가 이런 질문에 해당되니 조심하는 게 좋습니다.

Dialogue English

Jason_
사적인 질문 하나 해도 돼요?

Billy_
물론이죠. 무엇을 알고 싶나요?

Jason_
언제 결혼할 계획입니까?

Billy_
글쎄요, **대답하기가 좀 곤란하네요.**

Talk Tip 사적인 질문을 하고 싶을 때 May I ask you a personal question?이라고 말을 건네면 됩니다.

Pattern English

1. May I ask your age? - That's too personal.
2. Are you seeing anyone? - That's too personal.
3. How much do you weigh? - That's too personal.
4. Why did you fail the exam again? - That's too personal.
5. Why did you break up with your boyfriend? - That's too personal.

1. 나이가 어떻게 됩니까? – 대답하기가 좀 곤란하군요.
2. 만나는 사람 있나요? – 대답하기가 좀 곤란하군요.
3. 몸무게가 어떻게 됩니까? – 대답하기가 좀 곤란하군요.
4. 왜 시험에 또 떨어졌나요? – 대답하기가 좀 곤란하군요.
5. 왜 남자 친구와 헤어졌어요? – 대답하기가 좀 곤란하군요.

Let's take a **Review**

141. 부산까지 왕복권 한 장 주세요.
(Busan, please, ticket, trip, me, give, round, a, to)

_____________________________________ .

142. 이렇게 합시다. (what, I, tell, will, you)

_____________________________________ .

143. 행운을 빌어 줘요. (luck, me, wish)

_____________________________________ .

144. 너도 같이 할래? (are, game, you)

_____________________________________ ?

145. 몇 번이나 말해야 하나요? (how, you, times, have, to, many, do, I, tell)

_____________________________________ ?

146. 저는 돈이 많아요. (burn, to, I, money, have)

_____________________________________ .

147. 이게 누구야? 데이비드 아냐? (David, you, is, it)

_____________________________________ ?

148. 새 주소를 알려주려고 했을 뿐입니다.
(address, my, new, let, wanted, you, I, know, to, just)

_____________________________________ .

149. 저는 말 못할 비밀이 있어요. (closet, I, a, have, in, skeleton, my)

_____________________________________ .

150. 대답하기가 좀 곤란하네요. (personal, that's, too)

_____________________________________ .

Step 16

151. **I'm planning to spend a lot of time with my kids during the weekend.**
주말 동안 아이들과 많은 시간을 보내려고 합니다.

152. **My heart starts beating faster even if I just think about flying.**
비행기를 탈 생각만 해도 벌써 가슴이 설레요.

153. **If you don't mind, I would like to give you a hand with your luggage.**
괜찮다면 짐 옮기는 것을 도와 드리고 싶습니다.

154. **What I wanted to talk to you about was my summer vacation.**
제가 말하고자 한 것은 제 여름휴가예요.

155. **I'll pop out and grab a bite to eat when I feel hungry.**
배가 고프면 잠시 밖에 나가서 요기를 할 겁니다.

156. **I've been trying to ask you this for a very long time.**
오랫동안 이것을 물어보려고 했습니다.

157. **I just wanted to make sure that you are all right.**
당신이 잘 있는지 확인하고 싶었을 뿐입니다.

158. **I can't make heads or tails out of it.**
도저히 이해가 안 돼요.

159. **If it's not too much trouble to you, could you possibly tell me about your family?**
대단히 죄송하지만 가족에 대해 말씀해 주시겠어요?

160. **The only thing I really want to do is making a lot of money.**
정말 하고 싶은 유일한 것은 돈을 많이 버는 겁니다.

151

표현난이도 | ★ ★ ★

I'm planning to spend a lot of time with my kids during the weekend.

주말 동안 아이들과 많은 시간을 보내려고 합니다.

「I'm planning to + 동사」가 기본적인 회화패턴으로 '~할 계획이다'라는 의미가 됩니다. 뒤에 계획 중인 일을 말하고 마지막에 시간을 나타내는 부사구를 붙여주면 됩니다.

Dialogue English

Jason_

주말 계획이 뭐죠?

Billy_

주말 동안 아이들과 많은 시간을 보내려고 합니다.

Jason_

좋은 아빠임에 틀림없군요. 맞죠?

Billy_

나도 그렇게 생각합니다.

 Talk Tip '주말 계획이 뭐죠?'를 영어로 표현하면 What's your plan for the weekend?라고 합니다.

Pattern English

1. I'm planning to spend a lot of time with my wife on Sunday.
2. I'm planning to spend a lot of time with my family everyday.
3. I'm planning to spend a lot of time with my coworkers after work.
4. I'm planning to spend a lot of time with my parents during the weekend.
5. I'm planning to spend a lot of time with Sunny during the summer vacation.

1. 일요일에 아내와 많은 시간을 보내려고 합니다.
2. 매일 가족과 함께 많은 시간을 보내려고 합니다.
3. 일과 후에 직장 동료들과 많은 시간을 보내려고 합니다.
4. 주말 동안에 부모님과 많은 시간을 보내려고 합니다.
5. 여름휴가 동안 써니와 많은 시간을 보내려고 합니다.

152

표현난이도 | ★ ★ ★

My heart starts beating faster even if I just think about flying.

비행기를 탈 생각만 해도 벌써 가슴이 설레요.

동사 start는 목적어로 to부정사와 동명사를 동시에 취할 수가 있는데 의미에는 별 차이가 없습니다. 또한, 동사 beat은 여기서 '심장이 뛰다'라는 뜻으로 beat faster는 심장이 두근거려 더 빨리 뛰고 있음을 표현합니다.

Dialogue English

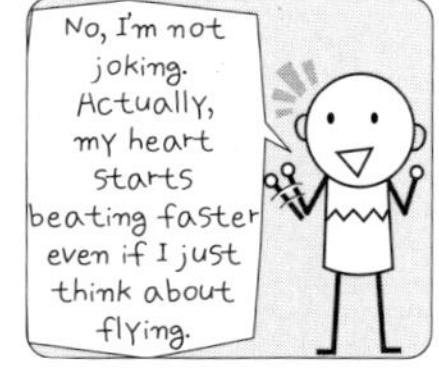

Jason_

안녕하세요, 톰. 전에 해외에 가본 적이 있나요?

Tom_

없어요. 하지만 이번 여름휴가에 뉴욕에 갈 계획입니다.

Jason_

농담이시죠?

Tom_

농담 아닙니다. 사실, **비행기를 탈 생각만 해도 벌써 가슴이 설레요.**

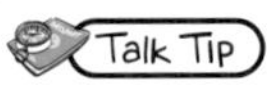 Talk Tip) 상대방의 말을 믿을 수 없는 경우 '농담이죠?'라고 말을 하는데 영어로는 Are you kidding me?, Are you joking? 이 됩니다.

Pattern English

1. My heart starts beating faster even if I just think about traveling.
2. My heart starts beating faster even if I just think about studying abroad.
3. My heart starts beating faster even if I just think about marrying her.
4. My heart starts beating faster even if I just think about living in New York.
5. My heart starts beating faster even if I just think about going to Jeju island.

1. 여행 생각만 해도 벌써 가슴이 설레요.
2. 해외에서 공부를 할 생각만 해도 벌써 가슴이 설레요.
3. 그녀와 결혼할 생각만 해도 벌써 가슴이 설레요.
4. 뉴욕에 살 생각만 해도 벌써 가슴이 설레요.
5. 제주도로 갈 생각만 해도 벌써 가슴이 설레요.

153

표현난이도 ★ ★ ★

If you don't mind, I would like to give you a hand with your luggage.

괜찮다면 짐 옮기는 것을 도와 드리고 싶습니다.

누군가를 도와주고 싶을 때, If you don't mind, I would like to give you a hand with~의 표현을 사용하여 정중하게 의견을 물어 보면 됩니다. 물론 간단하게 May I help you with~?라고 해도 괜찮습니다.

Dialogue English

Jason_
괜찮다면 짐 옮기는 것을 도와 드리고 싶습니다.

Billy_
고맙지만 혼자서 할 수 있습니다.

Jason_
제 도움이 필요하면 즉시 알려 주십시오.

Billy_
좋아요, 그렇게 할게요.

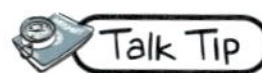 Talk Tip 숙어로 take care of는 '돌보다, 처리하다'의 뜻이지만 take care of the bill이라고 하면 '계산하다'의 뜻이 됩니다.

Pattern English

1. If you don't mind, I would like to give you a hand with your homework.
2. If you don't mind, I would like to give you a hand with the project.
3. If you don't mind, I would like to give you a hand with your assignment.
4. If you don't mind, I would like to give you a hand with your baggage.
5. If you don't mind, I would like to give you a hand with your work.

1. 괜찮다면 당신 숙제를 도와주고 싶습니다.
2. 괜찮다면 프로젝트를 도와 드리고 싶습니다.
3. 괜찮다면 당신 업무를 도와 드리고 싶습니다.
4. 괜찮다면 짐 옮기는 것을 도와 드리고 싶습니다.
5. 괜찮다면 당신 일을 도와주고 싶습니다.

154

What I wanted to talk to you about was my summer vacation.

제가 말하고자 한 것은 제 여름휴가예요.

영어로 What I wanted to talk to you about was~를 우리말로 직역하면 '당신과 의논하고자 했던 것은 ~였습니다'이지만 상황에 따라서 '제가 말하고자 하는 것은 ~입니다'라고 해석하는 것이 좋습니다.

Dialogue English

Jason_
데이비드, 시간 있어요?

David_
물론이죠. 들어오세요.

Jason_
방해가 안 되었으면 좋겠군요. 그건 그렇고, **제가 말하고자 하는 것은 제 여름휴가에 관해서예요.**

David_
당신 여름휴가에 대해서는 듣고 싶지 않아요.

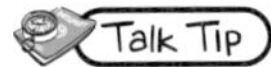

Talk Tip Do you have a minute?는 '시간 있어요?'라는 뜻으로 잠시 이야기를 나누고 싶을 때 사용합니다.

Pattern English

1. What I wanted to talk to you about was your trip to Africa.
2. What I wanted to talk to you about was your promotion.
3. What I wanted to talk to you about was my new assignment.
4. What I wanted to talk to you about was my winter vacation.
5. What I wanted to talk to you about was this movie.

1. 제가 말하고자 한 것은 당신의 아프리카 여행이에요.
2. 제가 말하고자 한 것은 당신의 승진이예요.
3. 제가 말하고자 한 것은 제 새로운 업무예요.
4. 제가 말하고자 한 것은 제 겨울 휴가예요.
5. 제가 말하고자 한 것은 이 영화예요.

155

I'll pop out and grab a bite to eat when I feel hungry.

배가 고프면 잠시 밖에 나가서 요기를 할 겁니다.

표현 중에 pop out은 '잠깐 밖에 나갔다 오다'의 뜻이며 grab a bite to eat은 '간단하게 요기를 하다, 잠깐 요기를 하다'의 뜻입니다. 그래서 Let's grab a bite to eat.이라고 하면 '잠깐 요기나 합시다.'의 의미가 됩니다.

Dialogue English

Jason_
퇴근하기 전에 끝내야 할 일들이 많아요.

Billy_
저녁은 어떻게 하고요?

Jason_
배가 고프면 잠시 밖에 나가서 요기를 할 겁니다.

Billy_
알았습니다. 하지만 너무 무리하지 마세요.

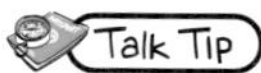 Talk Tip) 영어로 Please don't work too hard.는 '너무 무리해서 일하지 마십시오.'의 뜻이 됩니다.

Pattern English

1. I'll pop out and grab a bite to eat when I feel hungry.
2. I'll pop out and grab a bite to eat when I want to eat dinner.
3. I'll pop out and grab a bite to eat when I'm in the mood to have dinner.
4. I'll pop out and grab a bite to eat when I'm really hungry.
5. I'll pop out and grab a bite to eat when I feel like I'm starving.

1. 배가 고프면 잠시 밖에 나가서 요기를 할 겁니다.
2. 저녁을 먹고 싶을 때 잠시 밖에 나가서 요기를 할 겁니다.
3. 저녁을 먹고 싶은 기분이 들 때 잠시 밖에 나가서 요기를 할 겁니다.
4. 배가 정말 고플 때 잠시 밖에 나가서 요기를 할 겁니다.
5. 배가 고프다고 느낄 때 잠시 밖에 나가서 요기를 할 겁니다.

156

I've been trying to ask you this for a very long time.

오랫동안 이것을 물어보려고 했습니다.

「have been -ing」는 현재완료 진행형으로 '과거부터 지금까지 ~을 계속해 왔다'는 뜻이므로 「I've been trying to + 동사」는 '~하려고 해왔다'의 의미로 사용됩니다.

Ｄialogue English

Douglas_
써니!

Sunny_
예?

Douglas_
오랫동안 이 말을 하려고 했습니다. 저와 결혼해 줄래요?

Sunny_
오, 더글라스. 이 순간을 30년간 기다려 왔어요.

(Talk Tip) 「I've been waiting for this moment for + 기간」은 '~동안 이 순간을 기다려 왔습니다'의 뜻이 됩니다.

Ｐattern English

1. I've been trying to go to Japan for a very long time.
2. I've been trying to go on a picnic for a very long time.
3. I've been trying to go fishing for a very long time.
4. I've been trying to treat you to dinner for a very long time.
5. I've been trying to give her a call for a very long time.

1. 오랫동안 일본에 가려고 했습니다.
2. 오랫동안 소풍을 가려고 했습니다.
3. 오랫동안 낚시를 하려고 했습니다.
4. 오랫동안 당신에게 저녁을 대접하려고 했습니다.
5. 오랫동안 그녀에게 전화하려고 했습니다.

157

I just wanted to make sure that you are all right.

당신이 잘 있는지 확인하고 싶었을 뿐입니다.

「I just wanted to make sure that ~」은 '~한지 확인하려 했을 뿐입니다'의 뜻으로 여기서 make sure은 '~을 확실히 하다'라는 의미로 자주 쓰이니 함께 익혀두시기 바랍니다.

ⒹDialogue English

Sidney_
여보세요.

Billy_
안녕, 시드니. 어디에 있어요? 하루 종일 찾고 있었습니다.

Sidney_
저기, 지금은 길게 통화를 할 수가 없네요. **당신이 잘 있는지 확인하고 싶었어요.**

Billy_
저는 괜찮아요.

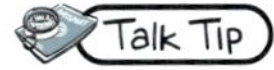 Talk Tip 상대방을 하루 종일 찾고 있었을 때, I've been looking all over for you.라고 표현하면 됩니다.

ⓅPattern English

1. I just wanted to make sure that you understood everything.
2. I just wanted to make sure that you made up your mind.
3. I just wanted to make sure that you enjoyed your flight.
4. I just wanted to make sure that everything is under control.
5. I just wanted to make sure that everything is ready.

1. 당신이 모든 것을 다 이해했는지 확인하고 싶었을 뿐입니다.
2. 당신이 마음의 결정을 했는지 확인하고 싶었을 뿐입니다.
3. 당신이 비행을 즐겼는지 확인하고 싶었을 뿐입니다.
4. 모든 일이 다 수습됐는지 확인하고 싶었을 뿐입니다.
5. 모든 것이 준비되었는지 확인하고 싶었을 뿐입니다.

158

표현난이도 | ★ ★ ★

I can't make heads or tails out of it.

도저히 이해가 안 돼요.

can't make heads or tails out of~는 '전혀 감을 잡을 수가 없고 이해할 수가 없다, 뭐가 뭔지 분간을 할 수가 없다'라는 뜻입니다. 무엇인가가 이해되지 않을 때 쓸 수 있는 표현인데, 머리나 꼬리를 구별할 수 없다는 말은 전혀 감이 안 잡힌다는 의미나 마찬가지겠죠.

Dialogue English

Jane_
제 보고서를 어떻게 생각하십니까?

Billy_
사실, 완전 엉망입니다.

Jane_
왜 그렇게 생각하시죠?

Billy_
도저히 이해가 안돼요.

Talk Tip) 영어로 It's a mess.는 '엉망진창이다'로 좀더 쉬운 표현으로 말하면 It's really bad.가 됩니다.

Pattern English

1. I can't make heads or tails out of this case.
2. I can't make heads or tails out of his lecture.
3. I can't make heads or tails out of your report.
4. I can't make heads or tails out of this mouthly financial report.
5. I can't make heads or tails out of her presentation.

1. 이번 사건은 도저히 이해가 안 됩니다.
2. 그의 강의는 전혀 이해를 못하겠어요.
3. 당신 보고서를 전혀 이해 못하겠습니다.
4. 이 월간 재무 보고서를 도저히 이해 못하겠어요.
5. 그녀의 발표가 도저히 이해가 안 됩니다.

159

표현난이도 | ★ ★ ★

If it's not too much trouble to you, could you possibly tell me about your family?

대단히 죄송하지만 가족에 대해 말씀해 주시겠어요?

영어로 If it's not too much trouble to you, could you possibly tell me about~?은 '대단히 죄송하지만 ~에 대해 말씀해 주시겠어요?'라는 뜻으로 상황에 따라서 아주 공손한 표현이 됩니다.

Dialogue English

Jason_

대단히 죄송하지만 가족에 대해 말씀해 주시겠어요?

Susan_

저희 식구는 5명입니다.

Jason_

아버님 직업을 여쭈어 봐도 괜찮습니까?

Susan_

괜찮아요. 그는 엔지니어입니다.

  **Talk Tip** 영어로 Would you mind if I ask~?는 '~를(을) 여쭈어 봐도 괜찮습니까?'라는 공손한 표현입니다.

Pattern English

1. If it's not too much trouble to you, could you possibly tell me about your marital status?
2. If it's not too much trouble to you, could you possibly tell me about his presentation?
3. If it's not too much trouble to you, could you possibly tell me about this policy again?
4. If it's not too much trouble to you, could you possibly help me with my project?
5. If it's not too much trouble to you, could you possibly pick me up at the airport?

1. 대단히 죄송하지만 혹시 결혼은 하셨는지요?
2. 대단히 죄송하지만 그의 발표에 대해서 말씀해 주시겠습니까?
3. 대단히 죄송하지만 이 정책에 대해서 다시 말씀해 주시겠습니까?
4. 대단히 죄송하지만 제 프로젝트를 도와주시겠어요?
5. 대단히 죄송하지만 공항에 데릴러 와 주시겠어요?

160

The only thing I really want to do is making a lot of money.

정말 하고 싶은 유일한 것은 돈을 많이 버는 겁니다.

기본적인 패턴인 The only thing I really want to do is~만 잘 기억해서 활용하면 됩니다. 참고로, 우리말에 '돈을 많이 벌다'를 영어로 표현하면 make a lot of money라고 합니다.

Dialogue English

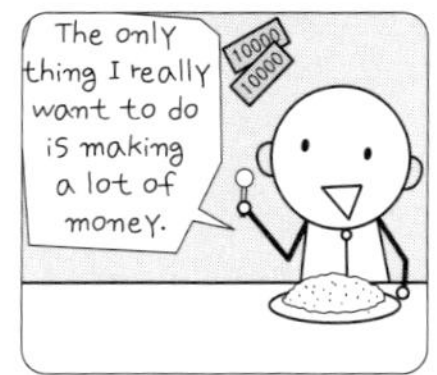

Jason_
우선 하고 싶은 게 뭐죠?

Billy_
좀 어려운 질문이네요.

Jason_
그냥 얘기해 봐요.

Billy_
정말 하고 싶은 한가지는 돈을 많이 버는 겁니다.

Talk Tip · 대답하기 좀 곤란할 때 It's a tough question.(어려운 질문이네요.)라고 답할 수 있습니다.

Pattern English

1. The only thing I really want to do is succeeding.
2. The only thing I really want to do is telling you the truth.
3. The only thing I really want to do is traveling abroad.
4. The only thing I really want to do now is taking a nap.
5. The only thing I really wanted to do was spending some time with my family.

1. 정말 하고 싶은 유일한 것은 성공하는 겁니다.　　4. 지금 정말 하고 싶은 유일한 것은 낮잠을 자는 겁니다.
2. 정말 하고 싶은 한가지는 사실을 말하는 겁니다.　　5. 정말 하고 싶었던 유일한 것은 가족과 시간을 보내는 것이었습니다.
3. 정말 하고 싶은 유일한 것은 해외여행을 하는 겁니다.

Let's take
a **Review**

151. 주말 동안 아이들과 많은 시간을 보내려고 합니다.
(weekend, the, I'm, time, with, a lot of, planning, spend, to, during, kids, my)

---

152. 비행기를 탈 생각만 해도 벌써 가슴이 설레요.
(flying, my, heart, faster, even if, starts, beating, I, think, just, about)

---

153. 괜찮다면 짐 옮기는 것을 도와 드리고 싶습니다.
(luggage, if, mind, you, would, I, like, don't, to, with, you, give, a hand, your)

---

154. 제가 말하고자 한 것은 제 여름휴가예요.
(vacation, wanted, my, what, summer, I, to, about, was, you, talk, to)

---

155. 배가 고프면 잠시 밖에 나가서 요기를 할 겁니다.
(a bite, hungry, I, feel, I'll, out, and, pop, grab, eat, to, when)

---

156. 오랫동안 이것을 물어보려고 했습니다.
(time, for, long, I've, been, ask, this, you, trying, to, very, a)

---

157. 당신이 잘 있는지 확인하고 싶었을 뿐입니다.
(just, right, I, all, make, wanted, you, sure, are, to, that)

---

158. 도저히 이해가 안 돼요.
(I, it, out, make, of, tails, can't, heads, or)

---

159. 대단히 죄송하지만 가족에 대해 말씀해 주시겠어요? (if, too, family, it's, much, could, you, to, you, about, me, your, not, trouble, possibly, tell)

?

160. 정말 하고 싶은 유일한 것은 돈을 많이 버는 것입니다.
(money, the, I, really, thing, only, to, do, is, a lot of, making, want)

Step 17

161. **I'd like to reserve a seat on a flight to Busan this Sunday.**
이번 일요일에 부산으로 가는 비행기 좌석을 예약하고 싶어요.

162. **I don't like to go outside in the middle of the night.**
한밤중에 외출하고 싶지 않아요.

163. **You will be sorry if you don't do your best.**
최선을 다하지 않으면 후회할 겁니다.

164. **I'm sorry to say that I lied to you last night.**
어젯밤에 거짓말해서 미안해요.

165. **It'll be much better than just sitting at home and watching television.**
집에서 앉아서 TV 시청하는 것보다 훨씬 더 나을 겁니다.

166. **I don't like to be around my family during my free time.**
여가 시간에 가족에게 둘러싸여 있는 건 싫어요.

167. **How can I reach you if the copy machine breaks down again?**
복사기가 또 고장나면 당신에게 어떻게 연락하면 되죠?

168. **Could I get your advice on how to solve this problem?**
이 문제를 어떻게 해결할지 조언해 주시겠어요?

169. **If you give me your phone number, I'll call you as soon as he arrives.**
전화번호를 주면 그가 도착하는 대로 전화할게요.

170. **I don't think you need to worry too much about it.**
그것에 대해서 크게 걱정할 필요는 없습니다.

161

표현난이도 | ★ ★ ★

I'd like to reserve a seat on a flight to Busan this Sunday.

이번 일요일에 부산으로 가는 비행기 좌석을 예약하고 싶어요.

우리말에 '비행기 좌석을 예약하다'를 영어로 표현하면 간단하게 reserve a seat on a flight라고 합니다. reserve 대신에 book이라는 동사도 '예약하다'는 의미로 사용할 수 있습니다.

Dialogue English

Receptionist_
손님, 무엇을 도와 드릴까요?

Customer_
이번 일요일에 부산으로 가는 비행기 좌석을 예약하고 싶어요.

Receptionist_
일등석을 원하세요, 일반석을 원하세요?

Customer_
일등석으로 해주세요.

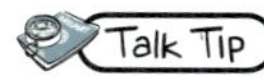 Talk Tip 대화 중에 나온 coach는 '일반석'을 뜻합니다.

Pattern English

1. I'd like to reserve a seat on a flight to Busan this Sunday.
2. I'd like to reserve a seat on a flight to Seoul this Friday.
3. I'd like to reserve a seat on a flight to Tokyo this Saturday.
4. I'd like to book a seat on a flight to New York tomorrow.
5. I'd like to book a seat on a flight to Chicago tonight.

1. 이번 일요일에 부산으로 가는 비행기 좌석을 예약하고 싶어요.
2. 이번 금요일에 서울로 가는 비행기 좌석을 예약하고 싶어요.
3. 이번 토요일에 도쿄로 가는 비행기 좌석을 예약하고 싶어요.
4. 내일 뉴욕으로 가는 비행기 좌석을 예약하고 싶어요.
5. 오늘밤 시카고로 가는 비행기 좌석을 예약하고 싶어요.

162

I don't like to go outside in the middle of the night.

한밤중에 외출하고 싶지 않아요.

'한밤중에'를 영어로 어떻게 표현할 수 있을까요? 보통 원어민들은 in the middle of the night이라고 합니다. in the middle of~는 '(한창) ~하는 도중에'라는 표현으로 in the middle of saying something(한창 말하는 도중에)과 같이 사용할 수 있습니다.

Dialogue English

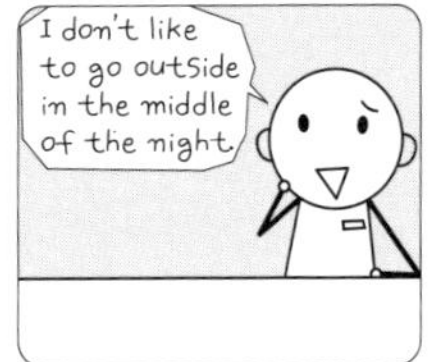

Jason_
오늘밤 무엇을 할 겁니까?

Billy_
아직 계획은 없지만 평소처럼 집에 있을 겁니다.

Jason_
오늘밤 밖에 나가서 술 한잔 하는 게 어때요?

Billy_
한밤중에 밖에 나가고 싶지 않아요.

Talk Tip) 제안의 뜻을 담고 있는 표현으로 How about ~ing?는 많이 사용되는 영어 패턴입니다.

Pattern English

1. I don't like to work out in the middle of the night.
2. I don't like to drink a lot of water in the middle of the night.
3. My son doesn't like to study in the middle of the night.
4. I don't like to give you a call in the middle of the night.
5. He doesn't like to drive in the middle of the night.

1. 한밤중에 운동하고 싶지 않아요.
2. 한밤중에 물을 많이 마시고 싶지 않아요.
3. 나의 아들은 한밤중에 공부하는 것을 싫어한다.
4. 한밤중에 당신에게 전화를 걸고 싶지 않아요.
5. 그는 한밤중에 운전하는 것을 좋아하지 않았다.

163

You'll be sorry if you don't do your best.

최선을 다하지 않으면 후회할 겁니다.

우리말에 '~하지 않으면 후회할 겁니다'라는 표현이 있는데 일반적으로 영어로는 「You'll be sorry if you don't + 동사」라고 표현합니다. do one's best는 '최선을 다하다'라는 의미로 함께 익혀두면 좋습니다.

Dialogue English

Boss_
어제 왜 열심히 일을 안했죠?

Billy_
일하고 싶은 기분이 아니었어요.

Boss_
최선을 다하지 않으면 후회할 겁니다.

Billy_
전적으로 동의합니다.

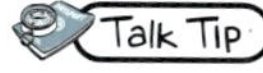

Talk Tip) I couldn't agree more.는 '전적으로 동의합니다'의 의미가 됩니다.

Pattern English

1. You'll be sorry if you don't ask for my help.
2. You'll be sorry if you don't study English.
3. You'll be sorry if you don't hurry.
4. You' ll be sorry if you don't call her immediately.
5. You'll be sorry if you don't sign up for this class.

1. 제 도움을 요청하지 않으면 후회할 겁니다.
2. 영어공부를 하지 않으면 후회할 겁니다.
3. 서두르지 않으면 후회할 겁니다.

4. 그녀에게 당장 전화하지 않으면 후회할 겁니다.
5. 이 수업에 등록하지 않으면 후회할 겁니다.

164

I'm sorry to say that I lied to you last night.

어젯밤에 거짓말해서 미안해요.

'~를(을) 말하게 되어서 유감스럽습니다'를 영어로는 I'm sorry to say that ~이라고 합니다. 상대방에게 어쩔 수 없이 무언가를 얘기해야 하는 경우가 생길 때 위의 표현을 사용해서 말을 건네 보는 것이 좋습니다.

Dialogue English

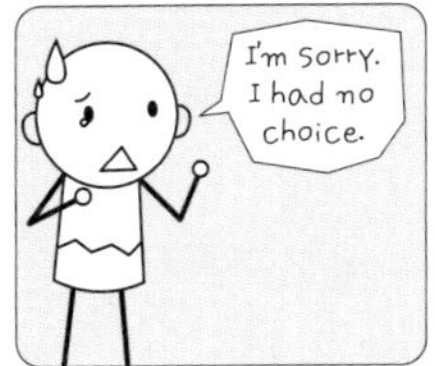

Susie_
할 말이 더 있나요?

Billy_
이 말은 하고 싶지 않지만 **어젯밤에 거짓말해서 미안해요.**

Susie_
이미 알고 있었어요.

Billy_
미안해요. 어쩔 수 없었어요.

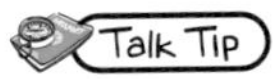 **Talk Tip** 영어로 I hate saying this but~은 '이 말은 하고 싶지 않지만'의 뜻으로 어쩔 수 없이 무언가를 얘기해야 할 때 사용합니다.

Pattern English

1. I'm sorry to say that you failed the exam again.
2. I'm sorry to say that I can't go on a business trip to Japan.
3. I'm sorry to say that he doesn't like you.
4. I'm sorry to say that she lied to you.
5. I'm sorry to say that I can't agree with you.

1. 당신이 또 시험에 떨어졌다는 것을 말하게 돼 유감스럽습니다.
2. 일본으로 출장을 갈 수 없다는 것을 말하게 돼 유감스럽습니다.
3. 그가 당신을 좋아하지 않는다는 것을 말하게 돼 유감입니다.
4. 그녀가 당신에게 거짓말했다는 것을 말하게 돼 유감스럽군요.
5. 당신에게 동의할 수 없다는 것을 말하게 돼 정말 유감스럽습니다.

165

It'll be much better than just sitting at home and watching television.

집에서 앉아서 TV 시청하는 것보다는 훨씬 더 나을 겁니다.

비교급을 이용해서 It'll be much better than just~라고 하면 '단지 ~보다는 훨씬 더 나을 겁니다' 의 뜻이 됩니다. 여기서 much는 비교급 better를 강조해 주는 역할을 합니다.

Dialogue English

Jason_
오늘밤 극장에 가는 게 어때요?

Sally_
글쎄요. 영화를 보고 싶지 않아요.

Jason_
집에 앉아서 TV 시청하는 것보다는 훨씬 더 나을 겁니다.

Sally_
정 그렇다면.

 Talk Tip 「I don't want to + 동사」라고 하는 것 보다는 「I don't feel like ~ing」라고 하는 것이 더 세련된 표현입니다.

Pattern English

1. It'll be much better than you thought.
2. It'll be much better than this lecture.
3. It'll be much better than just watching a movie.
4. It'll be much better than just sleeping at home.
5. It'll be much better than just studying abroad.

1. 당신이 생각했던 것 보다는 훨씬 더 나을 겁니다.
2. 이 강의 보다는 훨씬 더 나을 겁니다.
3. 영화만 보는 것 보다는 훨씬 더 나을 겁니다.
4. 집에서 잠만 자는 것 보다는 훨씬 더 나을 겁니다.
5. 단지 해외에서 공부하는 것 보다는 훨씬 더 나을 겁니다.

166

I don't like to be around my family during my free time.

여가 시간에 가족에게 둘러싸여 있는 건 싫어요.

영어로 be around my family는 '가족에게 둘러싸이다'라는 뜻이고 during my free time은 during my leisure time이라고 해도 좋습니다.

Dialogue English

Jason_
여가 시간을 어떻게 보내시나요?

Billy_
도서관에서 여가 시간을 보냅니다.

Jason_
가족과 함께 있는 것을 좋아하지 않나요?

Billy_
여가 시간에 가족에게 둘러싸여 있는 건 싫어요.

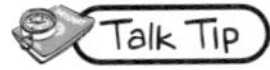 (Talk Tip) spend는 뒤에 시간, 돈, 노력 등을 나타내는 어휘와 함께 '소비하다, 쓰다'의 의미로 쓰입니다.

Pattern English

1. I don't like to be around other people during my free time.
2. I don't like to work in the office during my free time.
3. I don't like to be with my friends during my free time.
4. I don't like to play a computer game during my free time.
5. I don't like to be alone during my free time.

1. 여가 시간에 다른 사람들에게 둘러싸여 있는 것을 좋아하지 않아요.
2. 여가 시간에 사무실에서 일하는 것을 좋아하지 않습니다.
3. 여가 시간에 친구들과 함께 있는 것을 좋아하지 않습니다.
4. 여가 시간에 컴퓨터 게임을 하는 것을 좋아하지 않습니다.
5. 여가 시간에 혼자 있는 것을 좋아하지 않습니다.

167

How can I reach you if the copy machine breaks down again?

복사기가 또 고장나면 당신에게 어떻게 연락하면 되죠?

「How can I reach you if + 주어 + 동사?」는 '만약 ~한다면 어떻게 당신에게 연락할 수 있나요?'의 뜻입니다. 여기서 동사 reach는 '연락하다'의 의미로, break down은 '고장나다'라는 의미로 쓰였습니다.

Dialogue English

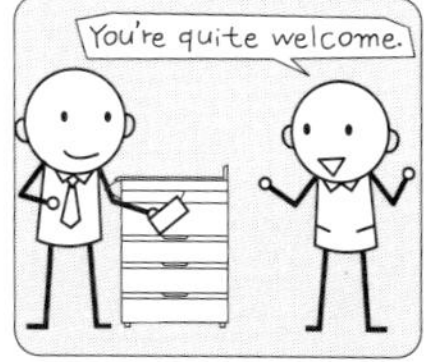

Jason_

복사기가 또 고장 나면 당신에게 어떻게 연락할 수 있죠?

Billy_

제 핸드폰 번호가 여기 있습니다. 언제든지 도움이 필요하면 연락주세요.

Jason_

고맙습니다.

Billy_

천만에요.

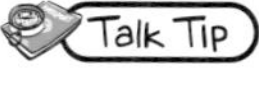
Talk Tip copy machine(복사기), vending machine(자판기), adding machine(계산기), answering machine(자동응답기) 등의 machine이 들어간 표현도 함께 익혀두세요.

Pattern English

1. How can I reach you if my computer breaks down again?
2. How can I reach you if my boss comes back?
3. How can I reach you if something new happens?
4. How can I reach him while he's on vacation?
5. How can I reach you while you are out?

1. 제 컴퓨터가 또 고장 나면 당신에게 어떻게 연락하면 되나요?
2. 사장님이 돌아오면 당신에게 어떻게 연락하면 되나요?
3. 뭔가 새로운 일이 생기면 당신에게 어떻게 연락하면 되나요?
4. 그가 휴가 간 동안 그에게 어떻게 연락하면 되나요?
5. 당신이 나가있는 동안 당신에게 어떻게 연락하면 되나요?

168

표현난이도 ★ ★ ★

Could I get your advice on how to solve this problem?

이 문제를 어떻게 해결할지 조언해 주시겠어요?

무언가에 대해서 상대방의 충고나 조언이 필요한 경우, 정중하게 Could I get your advice on~?이라는 표현을 사용하여 상대방에게 조언을 구하면 좋습니다. 여기서 on은 '~에 대하여'라는 의미로 쓰였다는 것도 함께 알아두세요.

Dialogue English

John_
부탁 좀 해도 될까요?

Jane_
물론이죠, 무엇을 도와 드릴까요?

John_
이 문제를 어떻게 해결할 수 있는지 조언 좀 해주시겠어요?

Jane_
물론이죠. 지금 좀 한가하거든요.

Talk Tip 상대방으로부터 도움을 요청받으면 I have some free time now.라고 답하고 도움을 주면 좋습니다.

Pattern English

1. Could I get your advice on how to get there?
2. Could I get your advice on how to play golf?
3. Could I get your advice on how to find a solution to the problem?
4. Could I get your advice on how to stop smoking?
5. Could I get your advice on how to succeed in life?

1. 그곳에 어떻게 가는지 조언 좀 해주시겠어요?
2. 어떻게 골프를 치는지 조언 좀 해주시겠어요?
3. 문제에 대한 해결책을 어떻게 찾을지 조언 좀 해주시겠어요?
4. 어떻게 담배를 끊을지 조언 좀 해주시겠어요?
5. 어떻게 인생에서 성공할 수 있는지 조언 좀 해주시겠어요?

169

표현난이도 | ★ ★ ★

If you give me your phone number, I'll call you as soon as he arrives.

전화번호를 주면 그가 도착하는 대로 제가 전화할게요.

'누군가에게 전화를 걸다'에 해당되는 영어 표현은 상당히 다양한데 그 중에 call someone, give someone a call[ring, buzz] 등이 있습니다. 때로는 '전화를 걸다'를 hit the phone이라고도 표현합니다. 표현에 나온 「as soon as + 주어 + 동사」는 '~하는 대로'라는 의미로 함께 익혀두세요.

Dialogue English

Jason_

실례합니다만 미스터 김이 언제 도착할지 아십니까?

Tom_

확실히 모르겠군요. 하지만 **전화번호를 주시면 그가 도착하는 대로 제가 전화할게요.**

Jason_

제 핸드폰 번호가 여기 있습니다.

Tom_

고맙습니다.

 (Talk Tip) 무언가를 확실히 모르는 경우에 I don't know for sure. 또는 I'm not sure.라고 표현합니다.

Pattern English

1. If you give me your phone number, I'll call you as soon as the book arrives.
2. If you give me your phone number, I'll give you a call as soon as I get there.
3. If you give me your phone number, I'll call you as soon as I arrive at the airport.
4. If you give me your phone number, I'll give you a ring as soon as I make up my mind.
5. If you give me your phone number, I'll call you as soon as I finish my assignment.

1. 전화번호를 주시면 책이 도착하는 대로 제가 전화할게요.
2. 전화번호를 주시면 그곳에 도착하는 대로 제가 전화할게요.
3. 전화번호를 주시면 공항에 도착하는 대로 제가 전화할게요.
4. 전화번호를 주시면 결정하는 대로 제가 전화할게요.
5. 전화번호를 주시면 업무를 끝내는 대로 제가 전화할게요.

170

I don't think you need to worry too much about it.

그것에 대해서 크게 걱정할 필요는 없습니다.

상대방에게 '~에 대해서는 크게 걱정할 필요는 없어요'라는 말을 전하고 싶을 경우에 영어로 간단하게 I don't think you need to worry too much about~이라고 표현하면 됩니다. I think you don't need to라고 말해도 같은 의미가 되겠죠.

Dialogue English

Jason_

어떻게 프로젝트를 시간에 맞춰서 끝낼 수 있을지 모르겠어요.

Billy_

글쎄요, **그것에 대해서 크게 걱정할 필요는 없습니다.**

Jason_

왜 그렇게 생각하죠?

Billy_

제가 당신을 도와줄 수 있기 때문입니다.

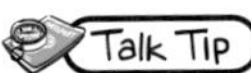

Talk Tip) I can give you a hand with~라고 하면 '제가 ~을(를) 도와드릴 수 있습니다'라는 뜻이 됩니다.

Pattern English

1. I don't think you need to worry too much about your promotion.
2. I don't think you need to worry too much about your future right now.
3. I don't think you need to worry too much about my health.
4. I think you don't need to worry too much about living in Japan.
5. I think you don't need to worry too much about my problem.

1. 당신 승진에 대해서 크게 걱정할 필요는 없습니다.
2. 지금 당장 당신 미래에 대해서 크게 걱정할 필요는 없습니다.
3. 내 건강에 대해서 크게 걱정할 필요는 없습니다.
4. 일본 생활에 대해 크게 걱정할 필요는 없습니다.
5. 제 문제에 대해서 크게 걱정할 필요는 없습니다.

Let's take a Review

161. 이번 일요일에 부산으로 가는 비행기 좌석을 예약하고 싶어요.
(Sunday, I'd, Busan, reserve, a seat, a flight, on, to, this, like, to)

____.

162. 한밤중에 나가고 싶지 않아요.
(night, I, like, don't, middle, of, the, in, outside, go, to, the)

____.

163. 최선을 다하지 않으면 후회할 겁니다.
(best, you'll, if, be, don't, you, sorry, your, do)

____.

164. 어젯밤에 거짓말해서 미안해요.
(night, last, I'm, that, say, sorry, you, lied, to, I, to)

____.

165. 집에 앉아서 TV 시청하는 것보다는 훨씬 더 나을 겁니다.
(television, watching, it'll, better, than, much, just, sitting, and, home, at, be)

____.

166. 여가 시간에 가족에게 둘러싸여 있는 건 싫어요.
(I, time, free, around, to, be, family, my, my, like, don't, during)

____.

167. 복사기가 또 고장나면 당신에게 어떻게 연락하면 되죠?
(again, how, machine, I, reach, the, you, copy, down, can, breaks, if)

____?

168. 이 문제를 어떻게 해결할지 조언해 주시겠어요?
(problem, to, could, I, how, this, advice, your, get, on, solve)

____?

169. 전화번호를 주시면 그가 도착하는 대로 전화할게요.
(if, me, arrives, your, he, phone, give, you, I'll, as soon as, you, call, number)

____.

170. 그것에 대해서 크게 걱정할 필요는 없습니다.
(it, about, I, think, don't, worry, to, too much, you, need)

____.

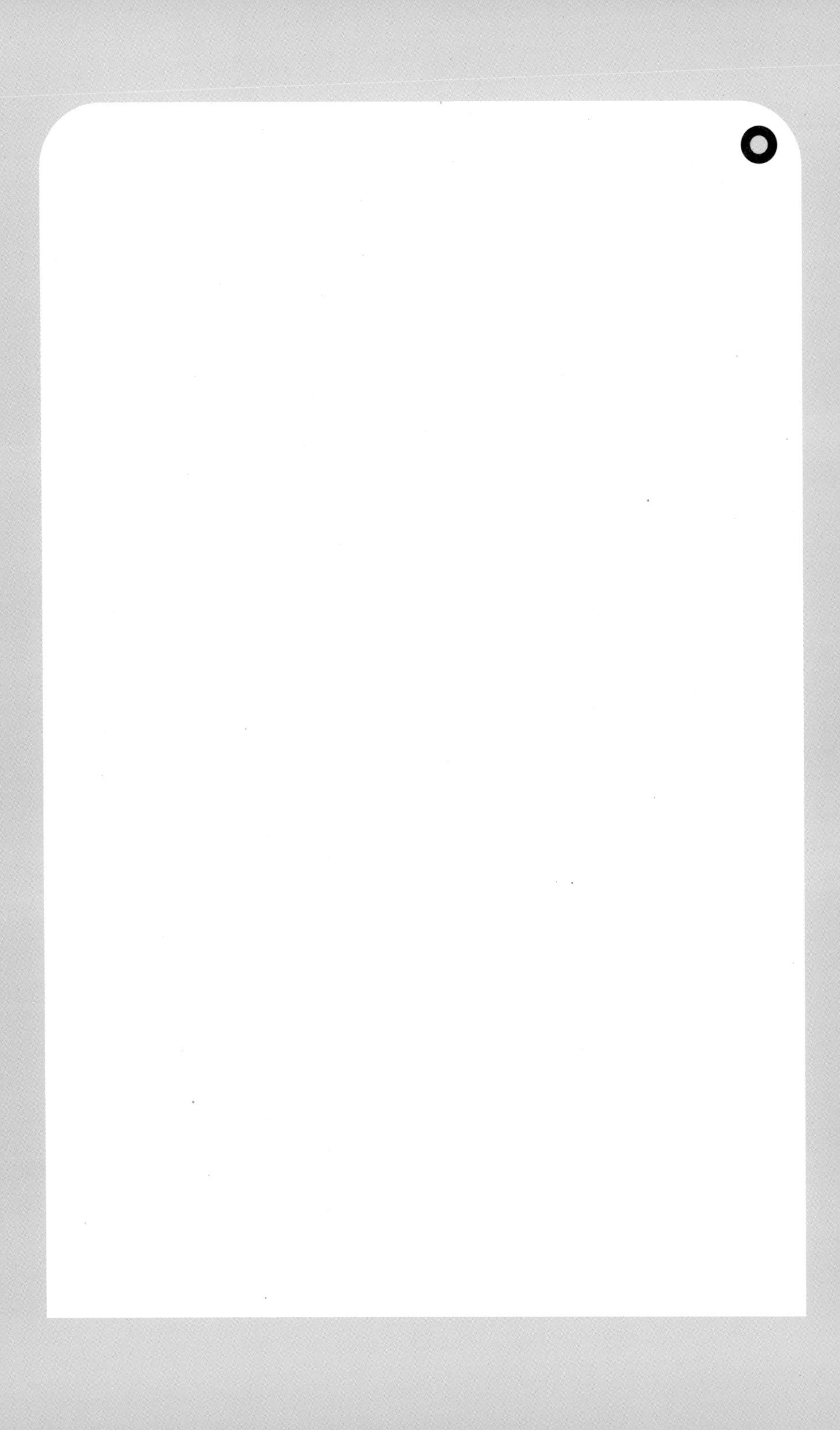